本书系北京市教育科学"十二五"规划青年专项课题"中美高等教育捐赠政策与法律制度比较研究"(CDA14126)成果，同时受"北京语言大学中青年学术骨干支持计划(BLCU Academic Talents Support Program for the Young and Middle-Aged)"支持。

大学筹资理论与实践丛书

洪成文 主编

美国大学捐赠基金法律制度研究

余 蓝 著

人民出版社

策　　划：戴燕白
责任编辑：杭　超
美术编辑：张　军

图书在版编目（CIP）数据

美国大学捐赠基金法律制度研究 / 余蓝著 . —北京：人民出版社，2019
（大学筹资理论与实践 / 洪成文主编）
ISBN 978-7-01-019378-6

Ⅰ.①美… Ⅱ.①余… Ⅲ.①高等学校—基金—法律—研究—中国
Ⅳ.① D971.222.8

中国版本图书馆 CIP 数据核字（2018）第 105764 号

美国大学捐赠基金法律制度研究
MEIGUO DAXUE JUANZENG JIJIN FALÜZHIDU YANJIU

余蓝　著

人 民 出 版 社　出版发行
（100706　北京市东城区隆福寺街 99 号）

北京建宏印刷有限公司印刷　新华书店经销

2019 年 6 月第 1 版　2019 年 6 月北京第 1 次印刷
开本：710 毫米 ×1000 毫米　1/16　印张：15.5
字数：210 千字

书号：ISBN 978-7-01-019378-6　定价：60.00 元

邮购地址　100706　北京市东城区隆福寺街 99 号
人民东方图书销售中心　电话（010）65250042　65289539

《大学筹资理论与实践》丛书序一

　　办好一所大学是要花许多钱的，当然有钱并不一定能把大学办好。关键在于有没有大师级的教师，有没有学科的领头人。但是领头人也是需要高薪才能聘任到，才能留得住。近年来各大学争夺学科领头人的竞争，已经把薪酬推到了越来越高的位置，就是一个最好的说明。因此，筹款就成了大学校长的一项重要工作，也可以说是一项使命。外国许多以私立为主的国家，学校经费来源主要是基金会，校友的捐赠。因此，大学校长筹款的任务是很重的。中国大学大多是国家举办的，经费有保障。但是，为聘任优秀教师、开展特色研究，也必须自己筹集资金。筹集资金的渠道是多元的：申请科研经费、与企业合作、校友捐赠。但无论哪一种，都需要学校办出特色、办出成绩、办出名气。越有名的大学越能争取到科研经费、越能争取到企业的合作、越能得到校友的捐赠。因此把学校办好，培养出优秀的毕业生，校友才有能力并愿意捐赠。当然，也要看学校的性质、毕业生的就业情况。像我们北京师大，培养的是人民教师，极少成为财富巨头。因此，很少得到校友的捐赠。当前我国大学捐赠真正出于校友的也很少，大多是企业家为了支持教育事业，也同时为了提高自己的品牌，主要给名牌大学捐赠。

大学筹款过程中会遇到许多问题，如税务问题、学校与政府的关系问题、资金的使用问题、资金的管理问题等等。政策性很强，又很具体。从理论上要研究清楚，从实际上要研究处理策略。这是高等教育需要研究的重要课题。尤其在我国，大学自己筹资的时间还很短，自从实现社会主义市场经济以后，学校可以自筹资金以来，至今不过二十多年的时间，还缺乏法律的规定和实际的经验，更需要认真研究。

洪成文教授组织了自己的团队，专门研究大学筹资和财务管理问题，经过十多年的调查研究，得出丰硕的成果，凝结在这部丛书中。该丛书共收入12部论著，涉及国内外大学的筹资的实践和经验，集中在捐赠资金的问题上。包括各国大学筹资的渠道、政策研究、捐赠的激励机制、资金的管理等，内容十分丰富。

这套丛书的特点：一是问题导向。大学筹资是当前很现实的问题，我国大学缺乏此方面的研究，需要借鉴外国经验，作理论和实践的研究。二是理论与实际相结合。丛书涵盖了大学筹资理论研究中的重大问题，同时实践的指向也非常明确，非常具体，并有案例研究示范。三是介绍了外国的经验，并结合了中国实际。因此这套丛书既是高等教育的论著，也可算作是比较教育的论著。

这些论著均是作者在各自博士学位论文的基础上修改完成的，是他们的主要阶段性研究成果。这套丛书体现出这些青年学者严谨的治学态度、良好的学术素养，以及富有创造性和批判性的思维品质，这对他们未来的学术成长和发展至关重要。

我不可能通读全套丛书，洪成文教授要我写几句话，我只是觉得这个主题很有研究的必要。同时觉得，借鉴外国经验，需要慎重研究。因为国情不同，中外文化迥异，因此在筹资，特别是研究捐赠问题时，在观念上、伦理上、政策上、程序上会有很大不同，需要深入研究。

最后，希望未来有更多的学者加入到此项研究中，为大学筹资事业提供更多优质的决策咨询。

2018 年 8 月 23 日

《大学筹资理论与实践》丛书序二

进入 21 世纪以来，世界高等教育发展的新趋势是财政结构日益多元化和个性化。虽然来自政府的资金占比逐渐降低，但是大学总收入却在有效增长。增长的部分从哪里来，大学是如何实现资金增长模式的，这些增长模式对于我国高等教育会产生什么影响，哪些是值得我国高等教育借鉴的，都有非常重要且紧迫的研究价值。

2014 年，我有幸结识了哥伦比亚大学诺亚·德莱兹纳（Noah Drezner）教授，她对北师大的研究团队表现出极大的兴趣，并接受我的博士生去哥伦比亚大学访学。2016 年，在她主编的《教育与慈善》杂志里，给我们的团队专门开辟了中国学者研究专栏。2016 年我们在世界比较教育大会上再次相遇，她鼓励我们把已有的研究成果集中出版。好几家出版社对本套丛书表示过浓厚的兴趣，最后我们选择了人民出版社。主要原因有二：第一，人民出版社是国家最高级别的出版单位，综合影响力居出版界前列；第二，人民出版社的编辑对我们的丛书作者给予了最大的鼓励，他们看到了本套丛书的社会价值以及高等教育发展价值。知音难觅，但我们还是找到了。与人民出版社合作，我们充满期待，也希望借助本次出版，为高等教育界，特别是高校领导人，输送思想和精神营养，也希望在高等教育财政领域内开辟一块崭新的研究领地，让更多的学者加入到大学筹资和大学基金投资的研究中。

编辑和出版本套丛书的目的主要有四点：

第一，研究大学筹资和基金投资是建设社会主义强国的需要。国务院于2015年10月颁布了《统筹推进世界一流大学和一流学科建设总体方案》，提出用五年或更长的时间，将部分学科和大学推向世界一流水平或平台。毫无疑问，政府已经给出了高等教育大发展的明确导向。但是大学建设仅仅依靠政府的资金支持是不够的，如何最大程度地挖掘社会资源将是大学未来必须着力思考和落实的。相比英美大学，我国大学对政府的资金依赖程度较高。如果我们有好的政策，并且能够充分利用社会资源，大学的财政收入将会成倍增长。社会筹资和校友筹资，是大学挖掘社会资源的国际普遍做法。因此，本丛书的出版必将起到思想引领作用。只有政府重视社会筹资，大学重视社会筹资，建设"双一流"高校才会有更加扎实的经济基础。

第二，研究大学筹资、投资，是完善高校财政结构的需要。十多年来，我国高校财政结构逐渐走向多元化，这是历史的进步，但是我们必须看到，真正走向多元化的还只是少数高校，大多数高校的财政结构并没有发生根本性变化，其对政府的财政依赖程度很高，大学的经费基本上是学费和财政拨款两大项的简单相加。美国高校财政专家约翰·斯通早就提出财政多元化的理念和国际趋势，很多大学都在不自觉地实践这一观点。从目前情况来看，高校财政基本上呈现出政府拨款与自筹经费此消彼长的国际趋势。政府拨款占比下降了，大学不得不去挖掘自己的财政资源。一般来说，自我挖掘资源的办法多样，各有不同，有依赖大学附属医院的，例如耶鲁、密歇根和匹兹堡等大学；有依赖大学筹资和基金投资的，例如哈佛、哥伦比亚、普林斯顿和耶鲁；也有依靠政府科研合同经费的，比如加利福尼亚理工学院、麻省理工学院和斯坦福，甚至还有依靠本校资金进行投资所获收益的，例如哈佛和耶鲁。虽然方法各有不同，但值得关注的是，有一些学校借助多种方法积累财富，例如哈佛和耶鲁，几乎综合利用了上述多种方法。当这些大学基金投资收益和附属医院收入加起来，达到财政总预算60%—70%的时候，其学校财政状况的巨大潜力就显而易见了。如果说美国高校通过其他渠道弥补了政府高等教育财政拨款（主要是指州政府）逐年下降的不足，那么我们可以对我国高等教育财政结构做一下展望：在确保政府拨款连年增长的前提下，较大程度地增加其他收入并扩大其他收入在学校总预算中的比例，如此，我国"双一流"高校建设岂不获得了更大更充分的经济保障吗！

第三，挖掘社会资源发展高等教育的时代即将到来。三十多年的经济持续高速发展，造就了我国一批富裕阶层，他们的财富如何使用，社会价值如何得到更好的体现，是他们自己的事情，也是社会的责任。我们要帮助他们树立一个理念，将财富回馈到大学发展和事业上，是先富起来的企业家一辈子最为荣耀的贡献。因为回馈大学是对母校的报答，也是鼓励弱势群体实现个人理想的最直接的善举。以自己所创造的财富改变更多年轻人的命运，以自己的捐赠服务使更多的大学走向世界一流行列，这就是富裕阶层发挥财富价值的最伟大的途径。因此，我们要将国际上大学获取捐赠的理念和手段介绍到国内来，也要将国际上富裕阶层将大量捐款回馈母校以及资助那些服务全人类健康事业的科学研究的生动案例介绍给国内的富裕阶层，这必将有利于大学发展，也必将有利于富裕阶层人们人生价值的更好实现。

第四，掌握筹资和投资的理念和技术，将提高大学资金使用的效率。本套丛书涉及大学筹资的主要问题，针对大学发展与筹资的互动关系、筹资的理念和技术、筹资政策和法律问题、大学筹资和基金投资税收优惠、筹资伦理和资金管理以及大额筹资计划的设计和实施等，从组织机构建设和团队建设等方面回答了高校可能遇到的所有困惑。本套丛书也涉及大学基金投资的部分重大问题，从基金投资的方法和技术、投资与筹资的互动关系，到大学基金风险管理，再到中、美两国大学基金管理的比较研究等，从理论到实践，阐述了大学基金管理与大学代际发展的关系。这些研究向社会表达的声音主要体现在以下两个方面：一是大学重视资金管理，尽可能地让大学筹资和基金投资收益所得最大化，为大学的代际发展提供经济基础；二是让社会看到大学在经费使用上并不像某些人误解的那样——"大手大脚"。大学对于资金使用的高效率不仅能为大学新的筹资计划创造良好的社会舆论环境，而且也可以展示大学的良好形象，即大学对于任何资金，不管是从哪里来的，不管是大还是小，都遵循谨慎原则，不乱花一分钱，不让资金浪费现象出现在象牙塔内。

任何前沿性的研究都是探索性的，大学筹资和基金投资无疑是高等教育政策与管理研究的前沿之一，故而丛书中所涉及的理论、方法和技术，难免有这样或那样的瑕疵。本着为实践服务、为政策咨询的目的，我们愿意与所有对此感兴趣的大学领导人和高等教育研究人员同行，不断探索，直至完善。

洪成文

2018 年 5 月 16 日

前　言

高等教育领域历来是慈善捐赠资源的流向和集中之地。考察美国高等教育发展的历史，可发现慈善捐赠几乎是与之相伴而生的，殖民地时期第一所大学的创建资金即来源于筹款与捐赠，后来的公立或私立大学都曾经而且还将继续得益于该国厚重的捐赠文化和慈善传统。大学捐赠基金是历史发展的产物，不仅具有实现"代际公平"的永续性功能，而且创造了慈善公益与商业经济融合发展的成功典型。20 世纪初至今，美国大学捐赠基金在逐步规范和成熟运作的基础上创造了举世瞩目的投资业绩和管理效益，为美国大学尤其是世界一流大学开展前沿科学研究和秉持学术自由传统提供了充足而长久的运营经费。

诚然，正如我国学者所指出的："美国教育捐赠事业的发达与美国的公益慈善文化传统、宗教伦理中的仁爱利他精神、社会诚信互助关系、成熟的民主制度、发达的法治构架、社会提供创业竞争致富的平等空间等政治经济社会条件密切相关。"[①] 就美国大学捐赠基金而言，其在全球高等教育范围内呈现出显著的竞争优势与发展活力的原因也是复杂而多元的。归根到底，最重要的原因可以说是美国大学捐赠基金得到了法律较全面而细致的确认、保护和规范，因为立法的理念、技术和实践才是美国保障现代慈善事业良性发展的制度基石。纵观世界各国慈善法律制度，都能或多或

---

① 周贤日：《国外高校社会捐赠制度研究》，中国法制出版社 2015 年版，第 107 页。

少找到与高等教育捐赠有关的规定。尽管立法模式与制度安排千差万别，但宗旨都是规范和调整高等教育捐赠所涉及的法律行为与法律关系。内容丰富、体系完整、实用性强，均体现了美国法治精神和社会文化的根本特征。概言之，法律通过指引和问责来保护法定之慈善目的的实现及其方式——促进高等教育长远发展，比如立法者采取税收优惠政策激励社会公众积极捐赠和高等教育机构主动筹款，监管者要求大学捐赠管理组织开展专业化和规范化的筹款、管理以及投资运作，等等。

20世纪90年代至今，我国国内学者开始关注并研究美国大学捐赠基金，但涉及法律问题和制度的并不多，本研究尝试系统而深入地分析美国大学捐赠基金的法律制度体系及规则，帮助实务界和研究者厘清与大学捐赠基金相关的法律问题边界和制度发展历程，促使立法者在完善和细化慈善法律制度体系时将大学捐赠基金纳入到考虑范围之内，依据我国高等教育捐赠和大学基金会发展的阶段性特征和制度环境，对已有的相对成熟的立法技术和经验进行批判性的借鉴与修正。本书总的研究目的可具象化为以下三点：第一，系统地整理美国联邦、州与大学捐赠基金有关的法律文本和判例，以及行业协会的自律性规范和大学内部的治理规则，构建分析美国大学捐赠基金法律制度的框架体系；第二，研究美国大学捐赠基金法律制度的历史背景、发展过程、价值取向和未来趋势，研究主要法律规则的设计理念与实践操作，结合我国大学基金会运作过程中存在问题的法律性质和救济机制，分析补充和完善现行法律制度的可行性及理论依据；第三，通过探讨与大学捐赠基金有关的法律问题及解决路径，拓宽和丰富学界对高等教育捐赠（包含大学基金会）研究的领域、视角和方法。

本书正文可分为四个板块：1.第一章分析美国大学捐赠基金的发展状况和作用定位，并从法律定义和类型划分两个方面澄清美国大学捐赠基金的法律概念，以便读者准确地把握本书所研究的问题和对象；2.第二章介绍美国大学捐赠基金法律研究的概况，主要包括美国学界对高等教育慈善捐赠的历史研究、非营利组织的法律监管研究和大学捐赠基金法律行为研究，在对已有文献的回顾和探讨基础之上，从宏观上理解和把握美国大学捐赠基金相关研究的整体进展与本书主旨；3. 第三至九章论述美国大学捐赠基金的法律制度变迁和主要法律规则，首先是了解美国大学捐赠基金在整个高等教育慈善捐赠法律体系中的地位和变化，然后逐一分析主体资格、筹款募捐、内部治理、投资运作、分配支出和会计审计这六项法律行为及其规则，包括主要规定、制定依据、变化动因及最新的立法动态，勾勒出美国大学捐赠基金法律框架的轮廓和重点；4. 第十章梳理学界对大学基金会法律制度的研究成果，在总结美国大学捐赠基金法律制度特征的基础上，提出完善我国大学基金会相关立法的制度框架和规则体系。

本书立足于研究法律制度与相关联的社会现实之间如何对应的问题，力求为法律实践提供可行的理论依据。在研究方法上遵循多样化和灵活性的原则，比如在分析美国大学捐赠基金法律制度对中国大学基金会立法的启示时，既要考虑从微观的法律规范入手，又要在整体上观照宏观的制度体系；既要解释概念又要揭示功能，同时还要重视文化的多元化与法律发展的关系以及法律条文的产生、演化、本质及其制定和实施过程。在比较的过程中不仅涉及美国大学捐赠基金法律制度的历史考察和现状分析，而且要运用实证分析和价值分析的方法；既要从逻辑分析的角度入手，在实然的层面上去认识、研究"法律是什么"，又要从价值入手，从应然的层面上去分析评价"法律是什么、应当怎么样"。所以，法学视角下的历史考察方法、分析方法和比较方法甚至更宽泛意义上的法律建构与法律适用方法，都有可能根据研究实际问题的需要而加以适当的运用，价值分析、实证分析抑或社会分析的方法论将成为贯穿整个研究的指引。

本书的资料来源相当广泛，除了学术性的论文和著作外，还搜集了美国联邦和各州立法机关、司法机关和政府监管部门的法律文本、司法判例和调查报告，以及专业评估机构或行业组织开展的数据收集和分析报告。例如，本书所采用的基础性数据均来源于美国近年来影响力最突出的四份研究报告，包括：1.国税局（Internal Revenue Service, IRS）自2006年起对400所公立和私立高等院校进行合规性调查问卷的中期（2010年）与总结性报告（2013年）；2.国会研究服务部2007年发布的一项关于税收议题和院校捐赠的分析；3.全美高等院校行政事务官员理事会（NACUBO）和大众基金（Commonfund）联合发布的历年高等教育捐赠基金研究报告；4.美国政府问责办公室（The U.S. Government Accountability Office, GAO）2010年发布的学院和大学捐赠基金整体情况报告。上述报告的价值在于：第一，提供和比较了近年来美国大学捐赠基金各类活动的翔实数据，得出了概括性的研究结论和原因分析，为了解和分析大学捐赠基金相关立法提供了坚实的背景参照；第二，全方位反映了美国大学捐赠基金的捐赠、筹款、投资、分配、支出、管理、税收、审计等主要行为类型，为构建美国大学捐赠基金法律规则提供了一个良好的分析框架；第三，从不同侧面体现了美国社会各界对大学捐赠基金的关切与评价，对于预测大学捐赠基金立法的未来趋势有重要的意义。

中国大学基金会从20世纪90年代中期发展至今，数量规模不断扩大，功能定位逐步清晰，治理结构日益完善，专业化程度逐渐提升，不仅为大学的可持续发展提供了直接的经济支持，也在一定程度上推动了高等院校经费来源的多元化和高等教育财政体制改革的进程。然而，受限于我国整个慈善公益事业发展的社会制度环境，就整体而言，高等教育慈善捐赠"在理念战略、法律政策、运作机制、专业队伍建设和技术支持系统等方面与欧美发达国家相比还存在较大差距。当下，我国很多富裕群体'不想捐、不敢捐、捐国外'、大学校长'不想筹、不敢筹、筹不好'的现象集中反映了我国高等教育慈善事业发展的尴尬局面和突出问题"①。诸多制度性障碍亟待立法者建立和完善与大学基金会相关的法律制度体系，从而规范高等教育慈善捐赠和大学基金会管理运作中可能或已经出现的问题，从法律层面提供规范指引、解决机制和救济途径。

---

① 林成华：《高等教育捐赠，如何优化发展》，《光明日报》2018 年 7 月 19 日。

目　录
CONTENTS

第一章　美国大学捐赠基金法律概念界定

美国绝大多数学院和大学拥有自己的捐赠基金，尽管规模大小各异，但都不同程度地发挥着支持高等院校发展的重要作用。"大学捐赠基金"（College and University Endowments）这一专业术语有其产生的历史背景、社会环境、文化传统和制度实践，不同的学科理论和研究领域所讨论的问题、视角和方法各有侧重。法律制度及规范着眼于确认和平衡所涉各类行为主体之间的权利义务关系，以及明确法律监管机构的职能划分与监管标准等。厘清大学捐赠基金的法律概念是把握本书研究对象和研究问题的起点，本章重点分析的是美国大学捐赠基金的发展状况、作用定位和法律定义及其类型划分。

第一节　大学捐赠基金的发展状况

根据美国政府问责办公室（GAO）的一份研究报告称，大学捐赠基金在 1989—2008 年间呈现"大幅增长"，这些机构所持有的总捐赠基金资产经通货膨胀调整后，从 1989 年的 1000 多亿美元增长到 2007 年的约 4320 亿美元，尽管 2008 年受金融危机的影响减少到了约 4180 亿美元。[①] 全美高等院校行政事务官员理事会（National Association of College and University Business Officers，NACUBO）最新的数据统计显示，截止到 2017 财年，所有参与调查的 809 所学院和大学的捐赠基金总市值超过了 5600 亿美元，且年度平均收益率达到了 12.2%。[②]

尽管美国大学捐赠基金总体规模相当庞大，但同时也存在着明显的内部分化。正如伯顿·A. 韦斯布罗德（Burton A. Weisbrod）所言，捐赠基金规模的数据"最惊人的发现就是大学之间财富的差距"，在 NACUBO2007 财年报告中仅有 50 所即 10% 的大学捐赠基金市值超过 10 亿美元，有一半的学校捐赠基金市值低于 1 亿美元，超过 10% 的学校捐赠基金等于或低于 2500 万美元。[③] 另外，根据美国国税局（Internal Revenue Service, IRS）专门针对学院和大学的一项合规性调查项目显示，2010 年全美免税的学院和大学总共拥有超过 4000 亿美元的捐赠基金资产，规模从几千美元到数百亿美元不等，中位数的捐赠基金规模略高于 2100 万美元，大多数机构持有不到 1 亿美元的捐赠基金，在接受调查的近 2000 家高等教育机构中，有 70 家拥有至少 10 亿美元的捐赠基金。[④] 如表 1-1 所示，拥有 10 亿美元以上捐赠基金的高等教育机构数量是 97 所，占 2017 财年提供数据的 809 所大学的 12.0%，它们所持有的捐赠基金市值加起来占到所有大学捐赠基金总市值的 75.4%。507 所非营利性私立大学的捐赠基金总市值占比是 67.8%，超过 302 所公立院校及其关联型基金会、联合捐赠基金等

① 参见 UGA Office（2010），Vary D. POSTSECONDARY EDUCATION College and University Endowments Have Shown Long-Term, 2010.

② 参见 2017 NACUBO-COMMONFUND Study of endowments（NCSE）results，见 https://www.nacubo.org/Research/2009/Public-NCSE-Tables.

③ 参见洪成文：《使命与财富——理解大学》，燕凌译，学苑出版社 2016 年版，第 121—125 页。

④ 参见 IRS, Colleges and Universities Compliance Project Interim Report, May 7, 2010.

总市值的两倍以上。表1-2列举出了2017财年美国大学捐赠基金市值排名前二十的机构及其与上一年度相比的市值增长率。

表1-1　2017财年美国大学捐赠基金市场价值总额及占比（按规模大小和机构类型）

捐赠基金规模	回应院校数量	占院校总数比例（%）	捐赠基金市值	占捐赠基金市值总额比例（%）
10亿美元以上	97	12.0	427,510,393	75.4
501百万—10亿美元	82	10.1	59,934,736	10.6
101百万—500百万美元	275	34.0	61,854,980	10.9
51百万—100百万美元	157	19.4	11,766,306	2.1
25百万—50百万美元	113	14.0	4,356,875	0.8
25百万美元以下	85	10.5	1,403,781	0.2
合计（院校数量）	809	100.0	566,827,070	100.0
机构类型				
所有公立院校	302	37.3	182,584,109	32.2
公立学院、大学或系统	67	8.3	90,747,701	16.0
院校关联基金会	176	21.7	44,672,208	7.9
联合捐赠基金/基金会	59	7.3	47,164,201	8.3
所有私立院校	507	62.7	384,242,960	67.8

表1-2　2017财年美国大学捐赠基金市值数额与年度增长率（排名前二十）

排名	院校	州/省	2017年捐赠基金数额	2016年捐赠基金数额	市值变化比例（%）
1	哈佛大学	马萨诸塞州	36,021,516	34,541,893	4.3
2	耶鲁大学	康涅狄格州	27,176,100	25,408,600	7.0
3	德州大学	德克萨斯州	26,535,095	24,203,213	9.6
4	斯坦福大学	加利福尼亚州	24,784,943	22,398,130	10.7
5	普林斯顿大学	新泽西州	23,812,241	22,152,580	7.5
6	麻省理工学院	马萨诸塞州	14,967,983	13,433,036	11.4
7	宾夕法尼亚大学	宾夕法尼亚州	12,213,202	10,715,364	14.0
8	德克萨斯A&M大学	德克萨斯州	11,556,260	10,539,526	9.6
9	密歇根大学	密歇根州	10,936,014	9,743,461	12.2
10	西北大学	伊利诺伊州	10,436,692	9,648,497	8.2

排名	院校	州/省	2017年捐赠基金数额	2016年捐赠基金数额	市值变化比例（％）
11	哥伦比亚大学	纽约州	9,996,596	9,041,027	10.6
12	加利福尼亚大学	加利福尼亚州	9,787,627	8,341,073	17.3
13	诺特丹大学	印第安纳州	9,352,376	8,374,083	11.7
14	杜肯大学	北卡罗来纳州	7,911,175	6,839,780	15.7
15	华盛顿大学（圣路易斯）	密苏里州	7,860,774	7,056,593	11.4
16	芝加哥大学	伊利诺伊州	7,523,720	7,001,204	7.5
17	埃默里大学	佐治亚州	6,905,465	6,401,650	7.9
18	康奈尔大学	纽约州	6,757,750	5,972,343	13.2
19	弗吉尼亚大学	弗吉尼亚州	6,393,561	5,852,309	9.2
20	莱斯大学	德克萨斯州	5,814,444	5,324,289	9.2

另一个值得关注的地方就是美国大学捐赠基金优异的投资表现。如图1-1所示，除了受金融危机负面经济形势影响而呈现收益显著下降的情况外[①]，美国大学捐赠基金的年度净投资回报率均处于较高的收益水平，2017财年的投资回报率也走出了2016年 –1.9% 的低迷状态强势回归到12.2%。由于成功的投资策略和投资业绩，大学捐赠基金已经成为美国甚至全球投资业界不容小觑的一股庞大势力，即所谓"机构投资者"的典型代表。

---

① 2009年的金融危机对美国大学捐赠基金投资造成了巨大冲击。截至2009年6月30日，大学捐赠基金收益回报率平均降为 –18.7%，超过10亿美元捐赠基金的机构降幅甚至更大，有的达到 –20.5%。从投资种类及收益来看，投资回报率明显下降主要是由于另类投资表现不佳、债务上升以及慈善捐款减少等多种因素所致。然而，截至2010年6月30日，上述问题得到了明显的改善，2010财年大学捐赠基金的平均净回报率又上升至11.9%。在所有主要资产类别中，除了房地产外，其他投资回报均为正值，最高的来自于国内股市，涨幅为15.6%。

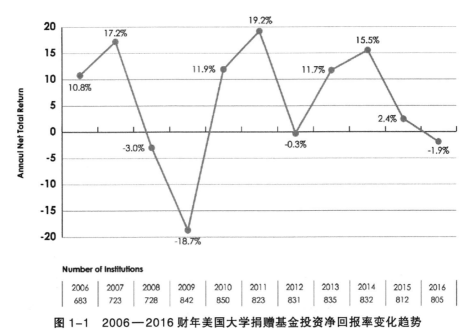

图 1-1 2006—2016 财年美国大学捐赠基金投资净回报率变化趋势

追溯历史，美国大学捐赠基金源于 15 世纪的英国，捐赠者向大学提供永久性捐赠往往带有限制性条件，即捐赠的本金不能动用，只能使用其投资获取的利息收入。我国学者将美国大学捐赠基金的演变归结为三个阶段：第一阶段从 15 世纪到 19 世纪 60 年代中期，捐赠基金的管理模式很传统，受托人不得授权给他人进行投资决策，捐赠基金的支出限制在股息和利息收入，会计准则以传统成本为基础，投资范围局限在债券和其他固定收益类产品，不允许投资高风险资产类别，如股票。这个阶段持续了 300 年。第二个阶段为转折期，从 1969—1972 年，持续了三年左右。代表性事件是福特基金会对捐赠基金的两个突破性研究，这两个研究分别讨论的是捐赠基金投资的法律原则问题以及投资管理和业绩的提升。与此同时，马可维茨（Markowitz）发表了现代投资组合的理论。因此，1969 年被认为是捐赠基金从传统管理模式转变为现代化和专业化投资管理模式的元年。随后，福特基金会成立了"大众基金"（Commonfund）——一个专业的投资机构用来汇集成员的资产并对资产进行专业化的管理，最初的成员为全美主要的教育机构，至今仍是一家业绩优异的以大学和基金会为主的资产管理公司。第三个阶段是增长期，从 1972 年至今。捐赠基金的管理出现了突飞猛进的发展和实质性变化。政府由于财政预算的压力而逐渐减弱了对大学财政的支持力度，使得大学更加依赖于捐赠基金。在此背景下，大学捐赠基金从非专业的、传统的、寻求风险最低化的投资者转变为由专业人员用现代化方式管理投资组合的资产管理机构。主要变化包括：（1）资产配置的不同决定投资组合收益的不同。（2）基金经理的选择日益变得重要。（3）首席投资官（CIO）的兴起。[①] 然而，这一划分明显着眼于捐赠基金的投资问题而展开，仍不足以呈现大学捐赠基金在整个美国高等教育捐赠历史中的地位和样貌，本书第三章将以美国高等教育慈善捐赠历史为宏观背景，分析大学捐赠基金的发展变迁与制度进程。

第二节　大学捐赠基金的作用定位

根据美国教育资助委员会（Council for Aid to Education, CAE）2014年教育志愿支持调查报告的数据，教育行业捐赠基金对学生财政资助（尤其是奖助学金）至关重要，也用于支持教职员工、图书馆、实验室、校园环境、学生服务和教育机构的其他核心部分。如图 1-2 所示，按教育捐赠

---

① 参见杨坦等：《大学捐赠基金的运作与管理模式研究》，上海交通大学出版社 2017年版，第 8—9 页。

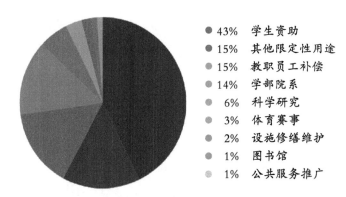

图 1-2 捐赠基金收益被限定分配使用的范围及比例

（资料来源：《教育资助委员会关于教育志愿支持的调查》中，捐赠基金在收益使用限定方面的分配比例，参见 http://cae.org/. ）

基金收益的各项用途及所占比例，从高到低依次为学生资助占 43%、其他限定性用途占 15%、教职员工补偿占 15%、学部院系占 14%、科学研究占 6%、体育赛事占 3%、设施修缮维护占 2%、图书馆占 1% 以及公共服务与推广占 1%。该报告还特别指出，学院和大学的捐赠基金还用于支持研究和公共服务，比如纳米技术的创新、医学研究或高校主导的青年和社区发展项目等，但报告没有提供进一步详细的数据。

巴乔克斯 - 贝斯来罗（Bajeux-Besnainou）和厄恩齐（Ogunc）指出，大学捐赠基金的目的是目前的运营支出和未来资产的增长需求。这种观点代表着对大学捐赠基金经济价值的认识并已经得到实践证明，但在高等教育机构管理者和研究者眼中，大学捐赠基金的作用和地位远不止于此。法学家亨利·汉斯曼（Henry B. Hansmann）认为，大学捐赠基金的主要目的是确保大学的声誉资产、保护学术自由以及对冲金融风险。耶鲁大学前任首席投资官大卫·史文森（David F. Swensen）将大学捐赠基金的作用总结为三点：第一是给予大学更大的独立性。通过降低大学对内部和外部因素的依赖性，比如通过政府拨款、学费和校友捐赠，来增加自主权。捐赠基金可以给大学提供一个稳定的收入来源，从而帮助大学从这些外部压力中解脱出来，获得更大的独立性。第二是确保大学财政的稳定性。政府拨款和学生学费对大学来说并不是永久的收入来源。大学运营预算的增长速度比通货膨胀的增长速度要快，政府补贴和资助越来越难以满足大学设施和服务的要求，大学要么减少开支，要么增加收入。增加收入的一个主要方法就是通过捐赠基金弥补由于政府减少拨款而带来的预算缺口，同时也加强了大学进行债务融资的能力。第三是创造更优质的教育。捐赠基金的规模和大学的教育质量是紧密相关的，在其他条件相似的情况下，具有较大规模捐赠基金的大学排名和得分更高，捐赠基金管理水平和业绩能够对提高大学的教育水平提供更大的支持。[①] 以耶鲁大学捐赠基金为例，它对耶鲁大学财务开支的贡献比例从 1999 年的 20% 增长到 2009 年的 46%。更重要的是，大学捐赠基金俨然已成为美国高等教育保持国际竞争优势的物质基础和衡量指标，在提高大学经费自主性、提升教学质量和科研水平、推动教育筹款与投资事业等方面都发挥着积极作用，甚至在金融领域还开创了独具特色的投资哲学和投资策略。

然而，公众对大学的使命与捐赠基金追求可持续财务回报的管理目标之间也存在争议，最具代表性的就是对大学捐赠基金支出比例过低、管理层尤其是投资经理人薪酬过高、投资策略选择和风险控制偏好等方面的批评。"代际公平"理论可以说是目前支持绝大多数大学捐赠基金参与投资市场运作和制定分配支出政策的依据。该理论最初是由美国国际法学家爱蒂丝·布朗·魏伊丝（Edith Brown Weiess）针对人类所面临的全球性环境危机而提出的，立足于解决当代人和后代人之间在财富分配

---

① 参见 David F. Swensen, *Pioneering Portfolio Management*, New York: Simon & Schuster, 2000.

上的公平问题争议[①]，后来被广泛地应用于社会生活的各个领域，当然也包括高等教育。

那么，管理和运营大学捐赠基金应当秉持什么样的理念呢？耶鲁大学经济学家詹姆斯·托宾（James Tobin）指出："捐赠基金的受托人是资金未来的守护者，他们要力求避免当前需求过度膨胀，他们的使命是实现'代际公平'，保证每一代人平等享受捐赠基金的支持。"[②] 这里的"代际公平"可以从两个层面来解释：第一层是代内间的公平，即大学捐赠基金在当前的任何一个环节公平且有效率，不损害弱势学生以及其他相关群体的利益。例如，由于不能妥善管理而造成捐赠基金的损失，使得本应该受益的学生或项目失去获益的机会；又或者由于内部治理不严而让某些人中饱私囊，使大学整体上遭受重大损失等。第二层是代际间的公平，即当代人在管理大学捐赠基金时，要确保未来一代人甚至几代人与当代人同样能够从捐赠基金中获益，这实质上就是如何保证大学捐赠基金的长期购买力问题。一方面，大学捐赠基金应该选择稳健的投资策略以实现保值增值；另一方面，当代人要基于自己的发展需要而合理地利用捐赠基金，既不能过度支出也不能盲目投资。大卫·史文森这样阐述大学捐赠基金的管理目标和策略："支出政策要求受托人既要为机构的未来实现捐赠资产保值，又要为当前受益人提供资金支持，同时权衡这两个目标的相对轻重。合理的支出政策能够减少支出稳定性目标与保持资产购买力目标之间的冲突，

---

① ［美］爱蒂丝·布朗·魏伊丝：《公平地对待未来人类：国际法、共同遗产与世代间公平》，汪劲等译，法律出版社2000年版。

② James Tobin, "What is permanent endowment income"？ *The American Economic Review, Papers and Proceedings of the Eighty-sixth Annual Meeting of the American Economic Association*, Vol.64, No.2（1974）, pp.427-432.

使捐赠基金有更大可能在满足当前之需的同时又能满足未来之用。"① 正如 CAE 所说的，捐赠基金管理者不仅负有支持在校生和大学运营的法定义务，同时还要平衡资产管理目标以确保机构未来的财政理性。大学捐赠基金的管理是大学财政管理的一部分，应以"追求收益，支持使命"为目标，遵循谨慎管理的原则。

第三节　大学捐赠基金的法律概念

一、法律定义

"捐赠"一词在法律文本、政府部门报告和专业机构调查以及媒体报道中都有使用，但在具体含义的指向和语境上却存在些许差异。例如，经济学上将捐赠定义为"一种货币收入或财产单向流动的或流程的市场性再次分配的经济行为"②。从法律角度考察，捐赠是指捐赠人包括法人实体、自然人等自愿将其所拥有的财产无偿转让给受赠方处分或管理使用的行为。英文中的 donation、contributions、gifts、grants、endowments 等均可译为"捐赠"，但 donation 还可以翻译为"捐赠物"和"捐款"等，而且可以泛指所有形式的捐赠，比如现金、有价证券、不动产、版权、著作

---

① ［美］大卫·F. 史文森:《机构投资的创新之路》，张磊等译，中国人民大学出版社2010 年版，第 3 页。
② 仲伟周:《赞助:经济学研究的新领域》，《天津社会科学》1995 年第 6 期，第15—19 页。

权、专利权等，而 endowments（有的也用作 endowment fund, endowment funds）是指"捐赠人指定捐赠本金不得动用，只能利用其投资的收益从事某项慈善用途的捐赠方式，其数额一般较大"；或者"由已注册的组织持有，用于某些特定的非营利目的的财产，它们靠一个或多个赞助人捐赠来融资，并通常由教育、文化和慈善机构以及那些专门为实现基金的特别目的而设立的机构来管理"。捐赠基金的投资目标是产生一个稳定的收入流，且仅仅愿意承受一个较小的风险。但是，捐赠基金的受托人也可以根据投资环境的不同，制定其他投资目标。

endowments 引介到国内的翻译是"留本捐赠基金"或"创始基金"，是指"捐赠给一个基金会或公益组织，并设有特别指定的用途，主要用于机构自身的发展，比如其产生的利息和股票等经营性收入，可以用来支持机构发展"。这种表述采纳的是美国财务会计准则委员会（Financial Accounting Standards Board, FASB）对捐赠基金所下的定义，即"为机构创造稳定的收入来源，该机构将捐赠基金的本金或原始金额进行投资，并将收益用于支持其业务"。从资金构成上看，捐赠基金包括两部分：一部分是捐赠基金本金部分（endowment fund corpus），也就是捐赠者所捐赠的资金；另一部分是捐赠基金收益部分（endowment fund income），是由原始资金所产生的收益。所谓捐赠基金增值或贬值则是指由于原始资金产生收益或损失而对资金价值所造成的影响。当然，捐赠基金中每年还要有一部分资金用于支持组织使命及运营，即支出。它在法律上被定义为"投资资金或资金池的一种形式"，具体指"某一机构将获得的捐助和赠予或者从其他资源转移而来的金钱和财产放入其中，并进行投资，部分或全部收益用于满足该机构的运营成本、资本开支和资金项目或该机构的特殊项目"①。然而实际上，捐赠基金的概念远远超越了捐赠资金本身，它不仅仅是不同捐赠者基于不同目的而捐赠的资金集合，更重要的它是基于捐赠资金而建立的，由专门的机构进行专业化的运营和投资，投资收益用于实现捐赠者及机构自身的目的，组织机构、专业人士、管理制度和投资规则等核心特征突出了机构的非营利性目的和实现资产保值增值的金融功能。因此，捐赠基金的真正意义在于它是一种特殊的组织形态和管理模式，是现代慈善公益步入专业化和市场化的标志。我国公益界有识之士早就指出，endowments 对公益慈善资金的经营还是一个崭新的课题，原因是在相当长的时期中我国并没有什么大额捐赠，但随着形势的发展有必要定义捐赠类型并制定相应的政策。②

美国政府问责办公室（GAO）在 2010 年的研究报告中给大学捐赠基金下的定义为"通常是由捐赠人建立的，目的在于为大学提供稳定的收入来源，而大学可以投资其本金或捐赠原额，并支出其收益部分用于支持大学的运营"③。也就是说，大学捐赠基金就是学院和大学将自己获得的捐赠放入设立的"捐赠基金"中，通过基金管理和投资运作赚取收益，收益部分用于支持所属学院和大学的运营需要。从法律层面来讲，美国大学捐赠基金与 20 世纪 90 年代以后我国高校普遍设立的大学（教育）基金会（Foundation）不是完全对等的概念。起初我国学者对二者的区别认

---

① Bruce R. Hopkins, Virginia C. Gross & Thomas J. Schenkelberg, *Nonprofit Law for Colleges and Universities: Essential Questions and Answers for Officers, Directors, and Advisors*, John Wiley & Sons, Inc., 2011, p.260.

② 参见［美］弗兰克·H.奥利弗:《象牙塔里的乞丐——美国高等教育筹款史》，许东黎、陈峰译校，广西师范大学出版社 2011 年版，第 6 页。

③ United States Government Accountability Office, Postsecondary Education: College and University Endowments Have Shown Long-term Growth, While Size, Restrictions, and Distributions Vary, February 2010, pp.2–3.

识还不甚清晰，有学者提出："教育基金主要是由社会捐资设立，由专门机构进行投资运作，投资收益用于资助教育事业的基金。其社会属性系公益性基金或基金会基金，管理运作的模式则以金融投资基本规则为蓝本。因此，教育基金兼顾基金会基金与金融投资基金两者的属性"，并按基金来源可以将捐赠基金分为慈善基金（foundation）和大学捐赠基金（endowment）。[①]事实上，基金会（foundations）在法律上是指一种具有独立法人资格的特定的组织管理实体，我国所有已设立的大学基金会在法律性质上也都属于非营利法人，具有独立的法律人格，与其他类型的基金会在法律适用上几乎没有差别，只是目的宗旨、组织结构、活动性质等细节不同，特别是与大学之间的联系甚为紧密，大学捐赠基金一般都由大学基金会负责日常管理和投资运作。在实践中，美国大学捐赠基金的名目可能相当繁杂，学院和大学甚至同时拥有多个不同类型的捐赠基金，这些捐赠基金按照捐赠人的意向和机构自身管理的需要可以采取各种不同的组织形式进行管理运营。除了常见的慈善信托、非营利法人形式的捐赠基金管理机构外，还可以设立由外部机构管理的信托基金、终身入息基金[②]等，这使得人们尤其是身处不同语言环境中的研究者对大学捐赠基金的理解容易产生困惑与混乱。

在美国，法律一般将慈善组织分为公共慈善组织（charities/charity entities）与私人基金会（private foundations）两大类，私人基金会按照从事慈善活动的主要方式，又细分为资助型和运作型两种。美国基金会中心（Foundation Center）对基金会下的定义比较宽泛，即基金会是一种

---

① 李洁：《大学捐赠基金运作问题研究》，硕士学位论文，华中科技大学，2010年，第13—14页。

② 终身入息基金，指的是捐赠给院校的基金，但是需要院校向捐赠者提供一部分投资收入，直到捐赠者去世，学校才能获得基金的全部所有权。

以非营利性法人或慈善信托形式存在，以支持或援助教育、社会、慈善、宗教或其他活动为主要目的的民间组织。[①] 该中心每年出版的《基金会名录》（*The Foundation Directory*）每一版都收录众多慈善机构的信息，但是这些机构的名称并不统一，除了基金会外，捐赠基金、信托基金、基金公司、捐赠公司等又都在其列，这不免容易让人产生混淆。在法律适用方面，大学捐赠基金与私人基金会存在明显的差异，最突出的一点就是尽管二者在管理运作规则上基本类似，但法律对二者支出比例的要求却不同。私人基金会须适用强制性的最低支出要求，即用于支持慈善事业的支出至少要达到捐赠总收入的5%，否则要面临高额税率的惩罚，但对大学捐赠基金尚没有明确的比例限制。另外，相较于一般的基金会，大学捐赠基金有来自校友和社会各界持续、新增的捐赠收入，相对稳定的资金流和投资收益使大学捐赠基金的保值增值更具优势，因而成为美国高等院校极为重要的经费来源。

具体就管理模式的多样性来讲，大学捐赠基金既可以是高等院校组织机构的一部分，也可以交由一个完全独立的组织，比如专门设立的关联基金会、联合捐赠基金管理机构等非营利组织管理。当前最常见的做法是高等院校将捐赠基金的投资业务委托给专业基金管理机构，"基金的所有者并不直接支配基金的投资和运行，而是由基金管理公司直接具体运作资金，基金的所有者校方会选派人员参与基金管理公司对基金投资运行的决策和监督，但不直接控制和支配资金的投资运行。在必要的时候，校方会通过校方董事会形成决策，指示基金管理公司按照决策操作，但校方董事会不直接操作资金"[②]。在税法上，公立和非营利私立院校均属于公共慈善

---

① Foundations and Their Role in Philanthropy［EB/OL］，见 http//foundationcenterorg/getstarted/training/online/product_online_training.html?id=prod2110004.

② 周贤日：《国外高校社会捐赠制度研究》，中国法制出版社2015年版，第50页。

组织，如果大学捐赠基金由学校直接控制，则它就构成学校组织机构的一部分，依法享有同等的税收优惠待遇；如果大学捐赠基金由独立的组织运营，比如关联基金会、联合捐赠基金或投资基金管理机构，除非能证明自己对大学发展所起到的作用及关系——税法所界定的"支持型组织"，否则所获得的捐赠及其产生的收益就不能获得相应的税收减免待遇。但是，无论采取何种组织形式，大学捐赠基金的核心目的和支出用途主要都是改善学校教学设施和办学条件、支持基础学科研究、资助教师深造、奖励优秀学生和教师等。

二、类型划分

捐赠基金类型的划分标准有多种，第一种是按照资金的构成来划分，捐赠基金可以分为捐赠基金本金部分和捐赠基金收益部分，前者来源于捐赠人所捐赠的资金，后者则是由原始资金所产生的收益。捐赠基金发生增值或贬值则是由于原始资金产生的收益或损失对资金价值所造成的影响。当然，捐赠基金中每年还要有一部分资金被用于支持组织使命及运营，即支出。

第二种分类是根据捐赠人意向是否明确，将之分为限制性捐赠基金（restricted endowments）和非限制性捐赠基金（unrestricted endowments）。所谓限制性是指捐赠人有明确意向的捐助，捐赠基金要尊重并严格按照捐赠人的意愿使用该项资金；所谓非限制性是指捐赠人并没有明确意向的捐助，本金原则上不能动用，但增值部分可用于符合捐赠目的的任何使用。我国学者所作的划分与上述分类基本类似，但用词和表述不同："大学捐赠基金主要分为定向和非定向两部分，定向资金是捐赠人有明确意向的捐助，基金会要尊重并严格按照捐款者的意愿使用该项资金；

非定向资金是捐资人并没有明确意向的捐助，仅仅是为了支持学校的教育发展，这部分非定向资金的本金原则上不能动用。可以用于基金增值的非定向资金，增值部分一般用于改善学校教学设施和办学条件、支持基础学科研究、资助教师深造、奖励优秀学生和教师等符合基金会章程的活动。"①

理论上还存在第三种分类，即：（1）终结性基金，由捐赠人一次捐资或在一定期限内定额捐资设立基金，在一定期限内用完该捐赠基金即终止，这非常类似于一般的封闭式基金；（2）永续性基金，由捐赠人一次捐资而设立基金，仅使用基金投资收益，捐赠资金永久保留；（3）增长型基金，由捐赠人捐资发起设立基金，仍有捐赠人不断捐资加入，使用投资收益再投资，使基金总额不断增长。这种分类实际上是按照捐赠基金的使用方式进行划分的。

最后一种则是目前美国法律监管机构即国税局（IRS）所采用的分类，即真正的捐赠基金（true endowment funds）、附期限的捐赠基金（term endowment funds）和准捐赠基金（quasi endowment funds）。真正的捐赠基金是指"本金永久性地保留在机构的捐赠基金池中进行投资，只有投资本金后的回报可以被支出"；附期限的捐赠基金是指本金可以在规定期限届满后被支出。这两者仍然受限于捐赠人的意愿，即当捐赠人建立捐赠基金时，限制将收入或本金用于特定的用途，比如奖学金或教师补偿。准捐赠基金的本金可以由机构的受托人自行决定用于支出，且不附带任何期限或条件。这一分类来源于国税局的一项专门针对学院和大学的合规性调查项目，它要求被调查的学院和大学提供所拥有的真正的捐赠基金、附期限

_____

① 李洁：《大学捐赠基金运作问题研究》，硕士学位论文，华中科技大学，2010年，第14页。

的捐赠基金以及准捐赠基金的具体数额及比例。[①] 另外，国税局在免税资格的年度审查时，要求学院和大学及其他类型的免税组织提供年度信息反馈表（990 表），其中目录 D 第五部分即是捐赠基金，学院和大学必须提供由董事会指定或准捐赠基金、永久性捐赠基金（true endowment）和附期限的捐赠基金的年末收支平衡的预估比例，必须指明是否有不属于本组织而由相关或不相关组织所持有并管理的捐赠基金，同时还要报告所拥有的捐赠基金在该财年始末的收支平衡状况、期间所得到的捐赠收入、投资收益或者损失、期间从基金支出的资助以及其他设施和项目支出、行政管理费用等。[②]

与之如出一辙的是，美国政府问责办公室 2010 年发布了一份专门针对大学捐赠基金的研究报告，将"大学捐赠基金"分为两种：第一种是捐赠人限制基金（Donor-Restricted Endowments），由永久性捐赠基金和期限性捐赠基金（Term Endowment）组合而成，两者的根本区别在于捐赠的本金能否被花费，永久性捐赠基金的本金必须被永久保持且不能被花费，而期限性捐赠基金在规定期限届满或特定事件发生之时，其本金是允许被花费的；第二种是董事会指定捐赠（Board-Designated Endowments），也称准捐赠基金（Quasi-Endowments），是指由机构董事会创建的主要以投资和支出为目的的捐赠基金，机构保留该基金的本金在任何时间全部或部分被花费的决定权。如今，这种分类标准和定义已被美国社会各界广泛认可并使用，除上述国税局和政府问责办公室外，

① IRS, Colleges and Universities Compliance Project Interim Report, May 7, 2010, 见 http://www.irs.gov/pub/irs-tege/cucp_interimrpt_052010.pdf\ .

② Bruce R. Hopkins, Virginia C. Gross &Thomas J. Schenkelberg, *Nonprofit Law for Colleges and Universities: Essential Questions and Answers for Officers, Directors, and Advisors*, John Wiley & Sons, p.262.

还有财务会计准则委员会、教育部（Department of Education）、全美高等院校行政事务官员理事会等，它们在要求大学捐赠基金上报或提供相关数据时均按此进行分类整理。

第二章　美国大学捐赠基金法律研究概况

20世纪初至今，美国大学捐赠基金在逐步规范和成熟运作的基础上创造了举世瞩目的投资业绩和管理效益，使美国大学尤其是世界一流大学在运营经费充足的前提下得以开展前沿的科学研究并秉持自治的学术传统。然而，大学捐赠基金在发展过程中也曾引发过不少争议甚至批评，不同学科和领域的学者们也对其展开讨论和研究，涉及的论题广泛而深刻，研究视角和方法多样。梳理和分析已有研究文献存在的问题、方法、数据、结论、局限性等内容，是本书宏观把握研究方向和资料来源的重要渠道，也是理解大学捐赠基金相关理论和法制状况的基础。

第一节　高等教育慈善捐赠历史研究

慈善捐赠对美国高等教育的发展与壮大可谓具有举足轻重的作用，时至今日依然如此。美国不少学者在研究高等教育历史的时候，都不可避免要论及慈善捐赠的重要意义以及相关概念的形成与发展过程，也有学者对高等教育领域里的慈善捐赠予以特别的关注，其中不少史料、论据和观点既是对美国高等教育捐赠发展历史包括法律实践的反映，也或多或少影响着当时的立法机关和法院在解决教育捐赠纠纷中的立场和态度。这对于我们了解标志性的法律事件及其社会背景、重要法律规则出台的立法目的和适用效果等无疑具有重大的历史学意义。下面就简单介绍两部具有历史学价值的代表性专著。

第一部是杰西·布伦戴奇·西尔斯（Jesse Brundage Sears）所著的《美国高等教育史上的慈善》。他在书中分析了慈善事业对高等教育机构发展的影响及其程度，以及促进慈善捐赠的动机及其对大学建设的影响，以揭示教育慈善和教育捐赠的理论发展脉络。该书将美国高等教育捐赠及其理论发展分为了四个阶段，即殖民地时期、建国初期（1776—1865）、建国后期（1865—1918）和基金会时代。该书将研究资源作了定性和定量的分类，前者包括章程、机构、信托、遗嘱和其他捐赠形式，后者仅限于捐赠的数据统计与分析，研究后得出了以下结论：慈善在实践中赢得了人们对它的信任，捐赠者在界定慈善对教育的意义，或者在其参与大学建设的过程中对慈善所设置的限制，从来都没有远离自身所能接受的想法、观念和服务的实践。大部分慈善教育理论都是直接生长于实践而非来自社会或政治理论，比如在面临和解决各州在高等教育中的功能、教会在高等教育中的功能、私人慈善在高等教育中的功能等问题时。他倾向于将教育慈善事业看作民主社会一个极端重要的特征，尽管其理论和原则在300年的实践中已经发生诸多演变，但大致可以概括为：（1）州、教会或关联组织或个人对高等教育的永久性捐赠都是可取的；（2）所有教育捐赠，无论是目前使用还是永久基金，无论是大还是小，都应当鼓励，因为它们打开了捐赠人作为供给者参与关乎社会生活根本的高等教育的大门；（3）捐赠者所表达的附加捐赠条件的愿望应当受到尊重和各州的充分保护；（4）在一般条款中陈述控制捐赠的条件，以及实现捐赠者目的的方式也都是可取的；（5）捐赠目的在一段合理的时间过去之后发生了改变，如果它是可取的，捐赠即告终止。[①]

第二部是默尔尤金·柯蒂（Merle Eugene Curti）和罗德里克·纳什（Roderick Nash）合著的《慈善塑造美国高等教育》。他们在充分研究高等教育叙述和历史题材的基础上，对慈善事业如何塑造美国高等教育的历史和作用提供了广泛性的解释，并专门研究了私人捐赠与捐赠者在塑造美国高等教育中的作用，指出高等教育捐赠是慈善事业在美国历史进步和文化发展中的示范性案例，捐赠促进了课程创新、高校扩张和大学的使命创新，并成为塑造公共政策的强大力量，因而也成为美国高等教育的显著特征。该书还分析了慈善事业的动机，阐明了高等教育在内涵和目标方面的重要变化并进行了评估，还研究了校友会、基金会、企业捐赠等新类型的影响以及捐赠对象与模式的变化。[②]

第二节　非营利组织的法律监管研究

大学捐赠基金在整个法律体系中的定位是本书首先需厘清的问题。尽管大学捐赠基金的组织形态具有复杂性和多样化的特点，但由于它与高等教育机构之间存在千丝万缕的联系，归根到底还是属于非营利组织的范畴，在符合税法规定条件的前提下还可以适用规范慈善组织及其活动的法律。

---

① 参见 Jesse Brundage Sears, *Philanthropy in the History of American Higher Education*, New Brunswick, NJ & Londan: Transaction Publishers, 1922.

② 参见 Merle Eugene Curti & Roderick Nash, *Philanthropy in the Shaping of American Higher Education*, Rutgers University Press, 1965.

美国学界对非营利组织及其法律适用的研究成果颇丰，最具代表性且最具影响力的当属非营利组织公共问责理论。随着非营利组织的数量、功能和影响不断扩大，管理学的问责理论延伸到了对第三部门的社会治理研究之中。非营利组织层出不穷的问题引起了社会对其行为和管理的关注和问责，较之于政府和企业，非营利组织缺乏所有权的监督机制，也缺乏市场竞争的效率和动机，如何在提高非营利组织管理效率的同时，控制可能出现的违法或违背伦理道德的风险，促使非营利组织管理层始终按照捐赠者的意图和组织的使命履行应尽的责任，这就要求从宏观层面整体构建非营利组织的公共问责制度框架与机制。与其他类型的非营利组织有所不同，大学捐赠基金管理组织具有自身的特性、需求和功能。"利益相关者"理论是20世纪60年代西方经济学家在研究公司治理时提出的一种理论主张，后来被广泛运用于研究企业社会责任进而扩展到非营利组织。大学是一个典型的利益相关者组织，有研究者根据各利益相关者与大学的密切程度不同，将大学的利益相关者分为四个层次：（1）核心利益相关者，包括教师、学生、大学管理人员。（2）重要利益相关者，包括校友和财政拨款者。（3）间接利益相关者，包括与学校有契约关系的当事人，如科研经费提供者、产学研合作者、贷款提供者等。（4）边缘利益相关者，包括当地社区和社会公众等。就社会捐赠来讲，大学作为受赠人应充分考虑利益相关者的不同诉求，将各方关切的利益和问题与大学的可持续发展结合起来，通过对捐赠基金的共同治理，实现捐赠者的慈善意图和捐赠基金功能。法律制度关注的是各类利益相关者的权益划分与行为边界问题，因此，理论上可以考虑将"利益相关者"作为分析大学捐赠基金公共问责框架和机制的基础。

　　亨利·汉斯曼撰文指出，非营利组织已经成为社会经济活动的重要组成部分且比例不断增长，但由于缺乏理解而对之产生困惑以至于相关政策制定的特征不甚明了。尽管非营利法人示范法给予了非营利组织在几乎所有领域，包括法人收入税、社会保障、失业保险、最低工资待遇、证券监管、托拉斯、非公平竞争、知识产权和邮政资费等方面的特殊待遇，但各州之间仍然存在显著的差异因而导致争论不休。该文章分析了非营利组织区别于其他组织的根本特征——禁止内部人分配原则，按照融资和控制的标准将非营利组织划分为四种类型，并对每种类型的特点和行为进行了研究，通过分析一般性的理论来探讨非营利组织具体法律适用中存在的问题，最后建议将非营利组织视为对一个相对明确的能够用经济学术语来描述的社会需求的合理回应，法律制定者的责任是审视和改革组织的和立法的大杂烩，使之适用于非营利组织，精心设计以确保帮助非营利组织满足这些需求。文章还特别提及了私立高等教育机构严重依赖私人捐赠的情况为非营利组织存在"隐形贷款"提供了一个例证，分析了捐赠对私立大学来说为什么是必需的，人们为什么要向大学捐赠。尽管经济学理论的分析可能对大学捐赠的合理性不利，但他也指出大学扮演了慈善中介的角色，非营利形式毫无疑问鼓励了该系统所依赖的校友捐赠，并且为捐赠者明确其捐赠是否用于机构的教育目标提供了保证。[①]

弗里蒙特·史密斯（Marion R. Fremont-Smith）对非营利组织治理的联邦和州法律法规进行了系统的研究，分析了 21 世纪非营利组织的发展状况以及慈善立法的意义，对美国慈善法律的历史作了详尽介绍，并分别从联邦和州法层面研究了不同形式慈善组织设立、变更和终止的条件与程序，信托责任的州法标准，国内税收条例对免税慈善组织的申报和审核要求，以及联邦政府在慈善组织法律法规中的角色演变，最后还提出了推进

---

① 参见 Henry B. Hansmann, "The Role of Nonprofit Enterprise", *The Yale Law Journal*, Vol. 89, No.5（April 1980）, pp.835–901.

慈善立法的一些建议。①

布鲁斯·霍普金斯（Bruce R. Hopkins）从非营利组织治理的角度出发，研究了联邦和州法的基本原则，重点分析了董事会成员的责任和义务、非营利组织治理规则的政策和程序、监管机构的注册要求与上报表格标准、非营利治理的相关议题和案例研究、董事会成员须了解遵守的主要法律法规，以及监管机构和非营利组织自查的审计责任。②他还专门就高等院校的非营利组织法进行了研究，为学院和大学高级管理人员、董事和顾问提供了问答式的通俗指南。该指南分析了非营利组织和非营利教育机构的一般法律概念与术语，大学获得免税地位的申请条件和程序，大学作为非营利组织的禁止性行为和薪酬政策，立法游说和政治性宣传的界限，奖学金、助学金和其他学生资助的方式，筹款规则和不相关商业活动的规定，年度信息披露和其他报告要求。③

上述研究对于我们全面了解美国非营利组织立法的框架体系很有裨益，尤其是布鲁斯·霍普金斯关于大学捐赠基金的基本概念、管理、投资和分配等问题的解答，以及对大学捐赠基金所进行的争议性批评，具有实践性的指导意义。同时，他作为非营利组织税法方面的专家还著有慈善捐赠税法④、不相关商业税法⑤等一系列专著，让我们相对准确地理解了美

---

① 参见 Marion R. Fremont-Smith, *Governing Nonprofit Organizations: Federal and State Law and Regulation*, The Belknap Press of Harvard University Press, 2004.

② 参见 Bruce R. Hopkins &Virginia C. Gross, *Nonprofit Governance: Law, Practice, and Trends*, John Wiley & Sons, Inc., 2009.

③ 参见［美］布鲁斯·R. 霍普金斯等：《美国非营利学院和大学法律指南》，余蓝译，中国政法大学出版社 2018 年版。

④ Bruce R. Hopkins, *The Tax Law of Charitable Giving* (4th.ed.), John Wiley & Sons, Inc., 2010.

⑤ Bruce R. Hopkins, *The Tax Law of Unrelated Business for Nonprofit Organizations*, John Wiley & Sons, Inc., 2005.

国复杂的税法规则体系，尤其是大学捐赠基金免税资格的申请条件和审查要求等内容。

第三节　大学捐赠基金法律行为研究

相当多文献专注于研究某个具体问题，以下所选取的均与大学捐赠基金的法律行为有关，包括筹款、募捐、管理、投资、分配、支出、税收、审计等，本书第五至九章亦是按此分类构建的分析框架。

一、筹款行为与募捐活动

伊丽莎白·施密特（Elizabeth Schmidt）提供了从事筹款活动所需要了解的相关信息，包括基本原则、法律法规、注册要求、禁止募捐欺诈、辨别虚假慈善、电话销售规则等。她指出，在非营利世界里，筹款是不可避免的，正如消亡和税收对营利组织一样，即使只有少部分筹款者不择手段，都会使一般公众丧失对整个行业的信任。因此，慈善组织必须在其所在的州注册并遵守州法的募捐规则。潜在的捐赠者可以通过质疑和向州慈善行政官员和联邦交易委员会举报不当行为来保护自己和他人。总会有一些不法者试图这样做，但是事先经过培训和主动行为的慈善社区可以最大限度地减少他们的成功。①

---

① 参见 Elizabeth Schmidt, "Fundraising: What Laws Apply?"，见 http://www.guidestar.org.

普特南·巴伯（Putnam Barber）首先介绍了官方、半官方或社会监督机构所制定的具有不同程度、范围和影响力的筹款活动规则的主要内容，然后分析了这些规则背后的理论，如慈善信托、消费者保护和税收、各州慈善募捐法案的基本内容及评价，以及非政府部门对慈善募捐的看法，等等。[①]

卡尔·爱默生（Karl E. Emerson）详细分析了宾夕法尼亚州慈善募捐法的基本要求，包括背景介绍、慈善组织注册要求、职业筹款人和筹款顾问的注册与报告要求、统一注册声明的适用、互联网募捐行为、禁止性行为等。[②]作为宾夕法尼亚州慈善组织管理局的官员，他建议捐赠者审核慈善组织、职业筹款人、律师所提供的合同以及可以获取的相关文件，了解该州慈善募捐法的规定并提供获取途径，共同打击慈善募捐欺诈行为以确保捐款者和合法慈善组织的利益。

弗雷德·罗杰斯（Fred Rogers）先后撰文分析了大学捐赠基金的增长来源，指出大学长期以来重视扩大投资回报来增加基金规模，导致了对投资和支出政策过度倚重，经过研究发现，捐赠收入事实上起着同等重要的作用，建议大学捐赠受托人和基金管理者检视并努力扩展捐赠收入来源。高等院校激励捐赠收入的政策行之有效，捐赠基金规模增长迅速，但由于投资市场的不确定性，通过制订筹款计划以增加捐赠收入较为可靠，同时高等院校需要改进并创建更积极的环境以增加捐赠，比如设立配套资金、

---

① 参见 Putnam Barber, "Regulation of Charitable Solicitations in the United States of America"，见 http://www.eskimo.com/~pbarber/tess/docs/istr_draft.pdf.

② 参见 Karl E. Emerson, "State Charitable Solicitations Statutes"，见 http://www.irs.gov/pub/irs-tege/eotopici01.pdf.

获取捐赠人认可、奖励政策和良好治理等。[①]

二、管理责任和内部治理

托马斯·哈森（Thomas Lee Hazen）和丽莎·哈森（Lisa Love Hazen）全面审视了非营利组织法人治理中董事的信托责任，指出相关的法律是稀疏且分散的，大部分争议和讨论也并非建立在最佳的法律实践基础之上。文章进一步探讨了非营利组织董事的职责及其法律问责，认为总体上非营利法人的董事义务标准显然要高于营利性法人，尽管真正的利他动机才是任职的内在激励，但为了吸引更多的人供职于非营利组织的董事会，法律需要调和这种矛盾，使其把时间和精力放在必要的有效的监督工作层面。[②]

弗里蒙特·史密斯和安德拉什·科斯塔斯（Andras Kosaras）调查了1995—2002年间有新闻报道的152项关于慈善组织行政官员和董事的刑事和民事违法行为案件，除了104项属于犯罪外，54项涉及违反忠诚义务和谨慎标准，比如假公济私、违背慈善目的或疏于管理等。[③]

---

① 参见 Fred Rogers, "Sources of Endowment Growth at Colleges and Universities", Commonfund Institute, April 2005, 见 https://www.commonfund.org/InvestorResources/Publications/White%20 Papers/Sources%20of%20Endowment%20Growth.pdf. "Strategies for Increasing Endowment Giving at Colleges and Universities", Commonfund Institute, September 2007, 见 https://www.commonfund. org/InvestorResources/Publications/White%20Papers/Strategies%20for%20Increasing%20End%20 Giving.pdf.

② 参见 Thomas Lee Hazen & Lisa Love Hazen, "Punctilios and Nonprofit Corporate Governance–A Comprehensive Look at Nonprofit Directors Fiduciary Duties", *U. of Pennsylvania Journal of Business Law*, Vol. 14,No.2（2012）, pp.347–416.

③ 参见 Marion R. Fremont–Smith & Andras Kosaras, "Wrongdoing by Officers and Directors of Charities: A Survey of Press Reports 1995–2002", The Social Science Research Network Electronic Paper Collection, September 2003, 见 http://ssrn.com/abstract=451240.

前文也提到了弗里蒙特·史密斯对非营利组织治理的联邦和州法律法规所作的系统性研究，以及布鲁斯·霍普金斯关于非营利组织尤其是高等院校治理的法律规则和内部政策程序等的研究，他们都非常全面地介绍了非营利组织管理的董事职责与法律规定。另外，政府监管机构、第三方独立机构和行业协会等也对包括大学捐赠基金在内的非营利组织的内部治理提出了若干标准和要求。

三、投资规则与策略选择

威廉·卡里（William L. Cary）和克雷格·布赖特（Craig B. Bright）撰文探讨了法律对大学捐赠基金"收入"这一概念的界定是否合乎事宜，文章分析了大学捐赠基金的投资回报、可能涉及的道德议题，以及捐赠条款限制等。在对比营利性法人"收入"概念、金融和投资趋势以及州法一般规定的基础上，提出采纳谨慎投资者规则，选择通过司法判决、立法、准捐赠基金、捐赠协议等方式对现实收益作适当分类，改变对"收入"的传统观点，鼓励大学捐赠基金的管理者采取更稳健的投资策略以增强灵活性，保留足够的投资收益以保持捐赠基金的购买力，发挥捐赠基金在教育领域适应不断变化需求的作用。该研究在某种程度上甚至可以说引致了《统一机构基金管理法》（The Uniform Management of Institutional Funds Act，UMIFA，1972）的出台。[1] 威廉·卡里和克雷格·布赖特的另一项研究探讨了捐赠基金投资责任的委托问题，也构成了《统一机构基金谨慎管理法》（The Uniform Prudent Management of Institutional Funds Act，UPMIFA，2006）

---

① 参见 William L. Cary & Craig B. Bright, "The Income of Endowment Funds", *Columbia Law Review*, Vol. 69, No. 3（1969），pp.396–417.

的重要内容。他们认为，由于通货膨胀和证券市场波动，大学捐赠基金的投资需要更多的专业技能和谨慎判断，应当允许基金管理者将投资的责任委托给专业人士，并就如何监管外部投资者和投资顾问的问题进行了讨论。①

乔治·克里斯蒂（George C. Christie）认为，私立大学传统上保持着一种相当保守的投资态度，但是第二次世界大战结束之后，大学捐赠基金总体收入的比例减少，甚至不足以满足高等教育扩张的需要，导致大学依赖于联邦资金和年度捐赠运动以供应持续增长的学费和运营。他指出，改变这种怪圈的唯一途径是让私立大学学会适应这种变化，增加外部资源，扩大捐赠基金的规模以增加可使用的收入。他还从法律的角度分析了改变私立大学投资政策的可行性，以北卡罗来纳州法对该州的私立大学投资政策的影响为例，分析了私立大学的慈善法人地位、慈善信托法对大学作为受托人的限制、大学捐赠基金的法律规定、受托人的谨慎投资标准，以及指导私立大学确定投资政策范围的其他资源，如《统一机构基金管理法》、大学的投资实践和联邦其他法律，并对北卡罗来纳州私立大学开展投资活动提出了诸多法律建议。②

威廉·茨曼（William N. Goetzmann）和莎伦·奥斯特（Sharon Oster）指出，大学捐赠基金的资产配置正急剧地转向另类投资。他们探讨了在推动这种转变的战略中竞争所扮演的角色，即大学捐赠基金根据其最接近的竞争对手的表现与变化而改变投资的可能性和关联度，这成为一种从众和追逐潮流的行为。大学捐赠基金近期正在通过增加接触各种各样的另类资

---

① 参见 William L. Cary & Craig B. Bright, "The Delegation of Investment Responsibility for Endowment Funds", *Columbia Law Review*, Vol. 74, No. 2（1974）, pp.207-235.

② 参见 George C. Christie, "Legal Aspects of Changing University Investment Strategies", North *Carolina Law Review*, Vol.58（1980）, pp.189-221.

产而积累积极的经验，他们认为这种竞争和行为趋势对捐赠基金提供代际公平的能力具有长远意义。①

苏珊·加里（Susan Gary）②和戈登·比曼（Gordon Beeman）③分别就 UPMIFA 替代 UMIFA 作了详细的解释说明并提供了相关的法律注意事项。全美高等院校行政事务官员理事会也建议各州采纳通过 UPMIFA，并就投资、支出、修改限制等方面的具体规定及理由作了解读。

四、分配政策与支出规则

亨利·汉斯曼指出，美国著名私立大学通常保留巨大的资产作为捐赠基金，比如哈佛大学和耶鲁大学，然而它们积累如此巨额财富的理由却并不让人们信服甚至产生质疑。因此，他经过分析认为，大学捐赠基金的保留表现出任意性的特征，目前的支出规则显得十分粗略，因而对大学捐赠基金现行的支出和积累是否能够满足所谓的"代际公平"诉求提出质疑。最后，他指出最近其他国家和美国对私人基金会限制捐赠基金积累的立法，对大学和其他捐赠机构制定合理的基金积累政策可能是一个刺激。④

唐纳德·巴希（Donald L. Basch）发现 20 世纪 90 年代以来许多高等院校都在努力遏制不断上升的支出并增加收入，但是捐赠基金的增长并没

---

① 参见 William N. Goetzmann & Sharon Oster, "Competition Among University Endowments", *NBER Working Paper*, No. 18173, June 2012, JEL No. D4,G2，见 http://www.nber.org/papers/w18173.

② Susan Gary, "UMIFA Becomes UPMIFA", The ABA Property & Problem Journal, January /February 2007.

③ Gordon Beeman, "Uniform Prudent Management of Institutional Funds Act", *NACUA Notes*, Vol.7，No. 1（September 24, 2008）.

④ Henry B. Hansmann, "Why Do Universities Have Endowments?" *The Journal of Legal Studies*, Vol. 19, No. 1（January 1990），pp. 3–42.

有缓解高校运营成本增加所带来的压力。他分析了大学捐赠基金市场净值与当前运营用途的近期变化，比较了同等规模大学捐赠基金在支出规则上的差异，研究了 1995 年相对最优支出率的大学捐赠基金支出率，最后得出了如下结论：高等院校捐赠基金 1995 年的支出较之于 1989 年的支出呈大幅走低趋势，但捐赠基金市值却急剧增长，这可能招致对大学捐赠支出政策的特别审查，大学应根据自身的操作和捐赠基金市值的增长围绕捐赠基金支出是否足以支持运营展开自查，"平滑支出规则"和"百分比支出规则"可能被新近提出的"指数加权移动平均线规则"所替代，大学也要充分考虑支出规则如何应对市场持续下降的可能。[①]

查尔斯·米勒（Charles Miller）和琳恩·曼森（Lynne Munson）都反对联邦政府强加给大学捐赠基金任何类似限定支出比例的立法，认为这不仅对筹款和满足大学资金需求无效，反而严重削弱了其他更紧迫和更显著的改革措施。与私人基金会相比，大学享受免税地位且没有被要求与公众分享其如何处理资金的几乎任何信息，19 所大学所提供的信息证明它们充分考虑了捐赠基金在学费资助方面的支出以及对捐赠者的责任。[②]

凡尔纳·尚德文（Verne O. Sedlacek）和威廉·贾维斯（William F. Jarvis）指出，大多数非营利组织的支出政策都是建立在 20 世纪 60 年代以抑制波动为目的的方法之上的，即以 3 至 12 个季度间基金市值的移动平均数来决定支出率，通常在 4%—5.5% 之间浮动。但是，2008—2009 年的金融危机导致捐赠基金无法提供大学运营预算所预期的现金支持，过去十年

---

① 参见 Donald L. Basch, "Changes in the Endowment Spending of Private Colleges in the Early 1990s", *The Journal of Higher Education*, Vol. 70, No. 3（1999）, pp .278-308.

② 参见 Charles Miller & Lynne Munson, Endowment Reform: Why Federal Mandatory Payouts Are Unnecessary, Legally Dubious, and Counterproductive to Larger Higher Education Reform, Remarks from the American Enterprise Institute conference: University Endowments: Their Role in Higher Education and Possibilities for Reform, February 1, 2008.

间的两次市场下滑也暴露出现行捐赠基金支出政策与实践的显著缺陷，已有的支出模式无法保护机构抵御过度波动。因此，他们深入分析了以下议题：大学捐赠基金目前的投资和支出实践如何？大学捐赠基金支出的核心变化是什么？支出率和政策出现何种趋势？其他基金资源如捐赠和政府资金扮演了什么角色？有什么可以替代目前的做法？会对未来的支出实践造成什么影响？①

亚历山大·沃尔夫（Alexander M. Wolf）聚焦于近年来针对大学捐赠基金支出政策的审查与争议，就立法者是否应当采纳强制性支出比例的建议进行了研究，他提出的反对理由包括：强制性支出比例并不会增强大学的支付能力，现有数据已经证明大学提供了足够的财政资助应对学费上涨和运营成本增加，将私人基金会与大学捐赠基金相提并论具有误导性，更有甚者会加速学术军备竞赛、束缚高校回应经济波动的能力，以及损害美国大学在国际上的卓越地位，导致长期的支出削减，并且违背了大学自治和学术自由的原则。②

五、税收监管与审计责任

马克·考恩（Mark J. Cowan）针对一些人呼吁制止高校"囤积"捐赠收入，举行听证会考虑对大学捐赠基金征税或设置最低支出比例以调节捐赠收入等立法建议，指出，虽然 2006 财年大学捐赠基金的增长率平均达

---

① 参见 Verne O. Sedlacek & William F. Jarvis, "Endowment Spending: Building a Stronger Policy Framework", *Commonfund Institute*, October 2010.

② 参见 Alexander M. Wolf, "The Problems with Payouts: Assessing the Proposal for A Mandatory Distribution Requirement for University Endowments", *Harvard Journal on Legislation*, Vol.48（2011）, pp.591–622.

到了 15.3%，支出率却稳定在 4.6%，这种状况与学费上涨幅度相形见绌，但这并不等于说不对捐赠收入征税就意味着放弃 66 亿美元的联邦税收。是否对大学捐赠基金征税，仿照不相关商业收入所得税或效仿私人基金会最低支出比例，这是涉及税收政策和非营利组织治理的重要议题。他在总结当前高等院校投资收入和捐赠的税务状况基础上，解释了非营利组织包括大学何以免税的理论基础，并将之与私人免税机构为何适用更为严格的规则作了比较分析，得出了当前对大学征税是没有理由的结论。[①]

与之相反，莎拉·瓦尔德克（Sarah E. Waldeck）指出，考虑到贫富悬殊的大学捐赠基金在学费上涨和规模增大之间的差异，应该修改税法以减少对规模较大捐赠基金的税收优惠待遇，促进其用于支出和支持学费成本的力度，可以考虑采用全职学生生均拥有的捐赠基金数额作为确认哪些机构是否属于规模较大的标准，捐赠人也可以推动捐赠基金扩大支出。[②]

针对近年来公众对大学捐赠基金是否存在税收套利行为的指责，国会预算办公室（Congressional Budget Office,CBO）发布了一项研究报告——《大学通过免税债务保险进行间接税收套利的行为》，声称一些免税的学院和大学通过发行免税债券从事着"间接的"税收套利行为，即当一个免税的借款人"通过债券收益（而非通过获取直接融资的投资资产利息）超过了同期免税借款所产生的利息成本"，税收套利行为就产生了，因为他完全可以以出售资产为资本支出融资而非借款免除债务。该报告指出，高等院校之所以享受各种税收优惠待遇，是基于它推进教育和研究的公共服务

---

① 参见 Mark J. Cowan, "Taxing and Regulating College and University Endowment Income: The Literature's Perspective", *Journal of College and University Law*, Vol. 34, No. 3（May 6, 2008），pp.507–554.

② 参见 Sarah E. Waldeck, "The Coming Showdown Over University Endowments: Enlisting the Donors", *77 Fordham L. Rev.* 1795（2009），见 http://ir.lawnet.fordham.edu/flr/vol77/iss4/22 .

目的，但法律明令禁止使用税收豁免或债券所得款项追逐更高投资回报的所谓税收套利行为，其中写道："在免税基础上借款而持有这些资产，实际上相当于使用免税收益来投资于那些高收益证券"；"目前实施的法律允许许多免税的学院和大学使用免税债务通过运营资产（建筑和设备）来进行金融投资，与此同时，它们持有投资资产（如证券）赚取更高的回报"；"如果这一点被忽视，那么学院和大学的投资回报率比它们在免税债务上支付的利息要高得多，他们就会受益于一种'间接性'的税收套利"；"随着时间的推移，若立法者扩大税收套利的定义，从而消除免税融资的一些好处，非营利性机构可能会通过减少免税债券的发行来应对这一改变"。CBO 试图通过扩大直接和间接税收套利行为的法律含义，提出了测量间接税收套利的方法，以及在一个更宽泛的术语下测量套利债券的成交量，直接提取国税局信息反馈中的数据来替代高等院校税收套利的计算。[①] 此外，国税局制定的免税组织指南（学院和大学最终检查事项）和发布的学院和大学合规性调查报告，代表了官方对大学捐赠基金的报告标准和最低要求。

肯尼斯·克雷顿（Kenneth D. Creighton）和富兰克林·里德尔（Franklin G. Riddle）在对美国会计师协会（AICPA）出版的《工业审计指南：学院和大学审计》书评中指出，该书是学院和大学注册会计师与独立投资公司的必读指南，其中列举了会计和报告实务、审计程序、税收考虑事项及有用的行业资料背景，提供了 1940 年投资公司法的最新参考，它取代了 AICPA1949 年发布的案例研究，为即将开始的财年提供了会计与报告建议。[②]

---

① 参见 Office C.B., "Tax Arbitrage by Colleges and Universities", 2010, 见 http://www.cbo.goo.

② 参见 Kenneth D. Creighton & Franklin G. Riddle, "Audits of Colleges and Universities by AICPA Committee on College and University Accounting", *The Accounting Review*, Vol. 49, No. 4 (October 1974), pp. 876–878.

肯·布朗（Ken W. Brown）回顾了 20 世纪 90 年代初财务会计标准委员会（FASB）和政府会计准则委员会（GASB）所确立的高等教育财务报告模式，指出，上述机构正在考虑私立和公立院校财务资料报告的重大变化，主要表现在专注用户需求和报告的一致性方面。[①] 大卫·科伊等人认为，目前占主导地位的会计理论所确立的决策有用模式没有建立充分的基础来考虑外部报告，需要从关于管理的旧观念和新近的公共问责概念中发展新的理论基础，新范式应反映高等教育在过去三十年间所处的社会和环境变化。高等院校的报告是一个可以用来描绘影响公众问责的概念框架的例子。牵涉高级工作人员的无数丑闻和其他可疑事务侵蚀了公众的信任，导致了政府官员和公众改进问责制的广泛需求。机构状况和运行的全面的信息披露将推动学院和大学超越决策有用的外部报告和迈向真正的公众问责。[②]

综上所述，国外学者的研究为本书可能涉及的方方面面提供了一个从宏观到微观的指导，特别是有关历史、数据、案例和立法背景等资料，不仅拓宽了研究视野和思路，而且为本研究搭建分析框架提供了直接帮助。但是，从已掌握的文献资料来看，也存在内容庞杂、语言隔阂和制度文化差异等障碍，从翻译到理解再到转化都需要相当强的专业背景和驾驭能力，这也引发本研究的一些思考，即究竟美国慈善立法、非营利组织法和大学捐赠基金法律制度中哪些对中国大学基金会乃至慈善立法具有借鉴和

---

① 参见 Ken W. Brown, "History of Financial Reporting Models for American Colleges and Universities: 1910 to the Present", 见 http://www.accountingin.com/accounting-historians-journal/volume-20-number-2/the-history-of-financial-reporting-models-for-american-colleges-and-universities-1910-to-the-present/.

② 参见 David Coy, Mary Fischer & Teresa Gordon, "Public Accountability: A New Paradigm for College and University Annual Reports", *Critical Perspectives on Accounting*, October 2001, pp. 1–31.

实践意义，盲目地照搬国外法律制度和相关规则肯定是不妥的，但是如何学习先进的立法经验和立法技术，并结合我国国情进行创造性的转换，这恰恰是本研究的价值所在和目标指向。

近二十年来，我国学者对美国慈善立法、非营利性组织法和基金会法律也开展了宏观研究（马胜利，1994；姚俭建和 Janet Collins，2003；李韬，2005；姚建平，2006；张奇林、金锦萍等，2007；陆义娜，2009；王劲颖，2011；王兆斌，2011），重在引介美国对慈善组织的政府监管和法律规制。对美国大学捐赠基金的研究则呈现出多元化和纵深化的趋势，主要表现为研究视角扩展到政治学、经济学、社会学、教育学、管理学、伦理学和文化学等多学科领域，研究对象转向税收政策、基金管理、捐赠理论、投资策略和风险控制等专业性问题。整体上大致可分为三类：第一类是从不同视角对美国大学捐赠基金展开的综合研究，涉及美国大学捐赠基金的历史发展、功能作用、影响因素、捐赠筹款、管理运行、投资策略、风险控制、税收政策等各个方面（朱晓梅，2003；罗公利，2005；蔡克勇，2006；伍运文，2006；许净，2006；杨青，2007；张奇林，2007；张敏，2007；谢永超、杨忠直，2008；陆义娜，2009；丁安华、赵勇，2011；高晓清，2011；周贤日、马聪，2012；何新容，2012；赵明、褚鋈，2012；王云儿，2012）。无论是捐赠理论、基金管理还是投资策略，他们的研究都在很大程度上借鉴了国外的理论分析模型。第二类是就某个美国大学捐赠基金的管理运作与成功经验进行的个案研究，从学校层面突出了大学捐赠基金微观方面的运作管理和个体经验，包括哈佛大学、耶鲁大学、斯坦福大学、普林斯顿大学、康奈尔大学、加州大学、哥伦比亚大学、佛罗里达大学、宾夕法尼亚大学、印第安纳大学、威斯康星大学、达特茅斯学院等诸多美国知名公立和私立高等院校捐赠基金案例，丰富了研究的基础数据和实证资料，但也不同程度地存在系统性不强和理论深度不够等缺陷。第三类是比较研究，对比分析了我国大学基金会与美国大学捐赠基金管理存在的差距和问题，突出了加强大学基金会建设的重要性和可行性（雷虹，1999；孟东军、陈礼珍、张美凤，2005；孟丽菊、张大方，2007；言梓瑞，2007；孟婧，2011）。但是，研究结论和对策建议大同小异，应更多关注我国语境下大学基金会管理捐赠基金的实际问题与制度诉求。值得一提的是，张敏在《美国大学捐赠基金的谨慎投资者规则及其启示》一文中详细介绍了美国大学捐赠基金在涉足投资领域时所应遵循的谨慎投资者规则的形成历史及背景，并就 1972 年美国统一州法委员会通过的《统一机构基金管理法》所设定的谨慎投资者规则的四项内容，即基金增值的谨慎投资标准、特定投资权限、作出投资管理决定的代理权、董事会的商业注意和谨慎义务，进行了逐一解读。尽管这篇论文的内容与意义仅限于说明谨慎投资者规则对我国大学基金会投资立法的启示，但却是迄今为止国内学界从法学视角对美国大学捐赠基金具体法律问题开展的专项研究。①

　　关于美国大学捐赠基金法律制度的研究要建立在如下认识前提和基础之上：一是社会捐赠业已成为大学经费来源的重要渠道，因此由捐赠引起的大学资金运作管理问题也将愈发引人关注；二是筹资募款是未来大学谋求发展的必备技能之一，要加强对筹款对象和募捐策略的理论和实践研究；三是大学本质上是非营利性组织，高等教育慈善捐赠享有国家税收减免的特殊待遇，其管理、使用和投资都应采取更为稳妥的方式以实现保值增值、物尽其用。因此，构建有利于大学捐赠基金管理组织规范、高效运行的制度环境至关重要。

---

　　① 参见张敏：《美国大学捐赠基金的谨慎投资者规则及其启示》，《教育科学》2007 年第 8 期，第 78—82 页。

基于上述分析，本书强调从整体性把握美国大学捐赠基金的法律制度体系，重点扩宽研究视野和资料范围，除了学术文献外，注意收集整理与大学捐赠基金有关的研究报告、法律文本、新闻报道，充分利用网络资源，遍览了美国联邦和州立法机关、政府监管机构、专业评估机构、行业协会、大学捐赠基金管理机构以及捐赠者、校友建立的监督组织等网页，全面了解和呈现美国大学捐赠基金的法律体系、发展趋势和研究热点。此外，还搜集并剖析了历史上对于确立大学捐赠基金法律规则至关重要的司法判例，以便阐释美国作为普通法系国家其大学捐赠基金法律制度的历史源起、理论依据和判案标准等深层次的法律文化和制度传统。

第三章　美国大学捐赠基金法律制度分析

相对完备的法律制度体系有力地保障了美国大学捐赠基金的良性发展，但它并不是一蹴而就的，也不是一成不变的，在经历了长期的积累和沉淀之后才形成了如今我们所看到的样貌。大学捐赠基金是美国高等教育慈善捐赠在历史发展过程中的产物，其性质和作用逐步得到了法律的确认和保护，相关法律规则在实践的推动下不断完善和创新。本章以美国高等教育慈善捐赠的发展历程与制度演进为背景，梳理与大学捐赠基金立法及变革直接有关的重大事件，构建大学捐赠基金法律制度的分析框架。

第一节　高等教育慈善捐赠法律变迁

按照杰西·布伦戴奇·西尔斯在《美国高等教育史上的慈善》一书中的划分，慈善捐赠在美国高等教育发展过程中的历史演进为四个阶段，即殖民地时期、建国初期（1776—1865）、建国后期（1865—1918）和基金会时代。[①] 在不同的历史时期，高等教育慈善捐赠所依赖的社会条件、

---

① Sears J.B., *Philanthropy in the History of American Higher Education*, New Brunswick, NJ and Landon: Transaction Publishers，1922.

发展需求和实践活动带有明显的阶段性特征，而每一个阶段都有标志性的法律事件。当然，从 1919 年起至今又经历了近百年的时间，高等教育慈善捐赠事业仍在不断创新以适应新的形势，在法律层面正在或即将发生哪些重要的变革也是本书关注的重点。

1641 年，马萨诸塞湾区殖民地派了三位神职人员返回英国为哈佛学院筹募资金，其中威廉·西本斯牧师带回的第一笔捐款 500 英镑被公认为美国历史上最早的一项有关高等教育的募款。正如鲁道夫（Rudolph）指出的，个人慈善毫无疑问是英国的传统，殖民地大学要维持生计必然求助于英国，英国是唯一可靠的重大慈善资金来源。英国人约翰·哈佛和伊莱休·耶鲁并不是以他们的名字命名大学的创建者，而是第一批英国的高等教育私人受益者。[①] 殖民地时期陆续建立的威廉和玛丽学院、耶鲁学院、达特茅斯学院、罗德岛学院（现布朗大学）、国王学院（现哥伦比亚大学）、女王学院（现罗格斯大学）、新泽西学院（现普林斯顿大学）和费城学院（现宾夕法尼亚大学）等得以幸存也主要仰仗英格兰强大的经济基础和慈善捐赠。殖民者对教育的高度重视促使向私人募款逐渐成为一种有系统、有组织、程式化的活动。由于新建学院的资助主要来源于英格兰，筹款者甚至需要直接到英国本土去展开游说和募款活动，因此必须适用英国的法律。《伊丽莎白法规》，包括 1601 年的《济贫法》（Poor Relief Act）和《英格兰慈善用途法规》（The English Statute of Charitable Uses）被视为是美国高等教育捐赠法律制度的源头，该法产生于工业化进程中英国贫富差距与日俱增的社会背景之下，"在多方面都有开创性，如实际上开始了调节税收制、慈善事业世俗化、援助对象社会化以及有效的管理监

---

① 参见 Madsen D., "The American College and University: A History by Frederick Rudolph", *Aaup Bulletin Quarterly Publication of the American Association of University Professors*, Vol. 68, No.2（1990），p.153.

督机制等，因此在公益事业史上被认为具有里程碑的作用，是现代公益事业和社会捐赠事业的先声"①。它使慈善公益事业逐步摆脱了教会的控制传统，也有助于处理慈善捐赠所涉及的复杂的财产关系，开启了慈善捐赠完全转向世俗化的大门。

美国革命终结了殖民地大学和英国教育慈善家之间的联系。各州学院募资变得越来越困难，除了大的政治、经济气候外，筹款代表没有兑现承诺，即公布捐赠人的名单、交代筹款结果，以及英国人对建立学院的各个教派之间的竞争欲和角逐产生了厌倦，也被视为来自英国的资助在战争期间消失的原因之一。②在建国初期的数十年间，教会依然主导着私人慈善，捍卫着自己在高等教育领域的传统地位，各个宗教派系也继续发挥着它们在筹资办学方面的优势和经验。在1776—1860年间，美国从一个农业社会开始步入早期工商业社会，教育与经济成功之间的关联激发了整个社会对高等教育的关心与支持，州政府逐渐意识到不为宗教目的服务而新建的大学有其功用，大学被视为社区经济和文化的重要资产，获得了基础广泛的资金支持。新建学院的数量从19世纪初的二十几家猛增至1860年的五百多家，少数是州立的，大多数都是私人或教会捐建的，但由于面临严峻的财政挑战，其夭折率却高得令人触目惊心，在南北战争打响之际，美国仅有250所大学。除了新型大学更加快速地成长之外，早期的老牌大学在新的捐赠方式的推动下也呈现出相当的复杂性。慈善开始迎合更多样的教育和社会观念，比如专科学校、劳动技能学校和女子大学等等。③

---

① 资中筠：《财富的归宿：美国现代公益基金会述评》，上海人民出版社2005年版，第11页。

② 参见〔美〕弗兰克·H．奥利弗：《象牙塔里的乞丐——美国高等教育筹款史》，许东黎、陈峰译校，广西师范大学出版社2011年版，第8页。

③ 参见 Sears J.B., *Philanthropy in the History of American Higher Education*, New Brunswick, NJ and Landon: Transaction Publishers, 1922, pp.106–107.

建国初期的高等教育慈善捐赠在法律制度方面还是沿用了传统模式，英国的成文法和习惯法仍然是处理捐赠事务的基本依据。在联邦政府没有明确表示支持还是限制慈善发展的时候，各州对慈善的态度也有很大的分歧。1776年宾夕法尼亚州法规定："到目前为止所有为发展宗教、传播知识或其他慈善目的而组建的宗教或非宗教社团都应得到鼓励和保护，他们应该享有他们以前就已经享有或按照本州以前的宪法和其他法律应该享有的优惠、豁免和财产。"1777年的佛蒙特州法几乎逐字逐句抄录了这一条款，1780年马萨诸塞州法授予哈佛学院以特权，强调"在这个州未来的任何时候，支持和宣讲人道与仁慈的原则、私人与公共慈善及其社会影响以及大度的情操，是立法者和行政官员的职责"。然而，大多数州并没有在基本法中表明对捐赠的态度，这主要有两个原因：一是因为它们允许慈善在英国遗留下来的法律框架下继续运转；二是因为它们倾向于将慈善问题留给立法机关来解决。如1776年特拉华州宪法就规定："英国的习惯法和目前本州采用的许多成文法仍然有效，除非将来某部法律将其改变。"在北方诸州极力鼓励发展慈善的同时，弗吉尼亚和马里兰州却采取措施限制慈善的发展，特别是限制宗教慈善活动的开展。1780—1785年间，弗吉尼亚州议会通过的各项法案都旨在消除英国国教的影响，并通过世俗的机构和人员向穷人提供救济。①

美国历史上具有里程碑意义的一个案例是联邦最高法院1819年对达特茅斯学院诉伍德沃德案（Trustees of Dartmouth College v. Woodward All）的判决，它确立了高等教育慈善捐赠的契约合法性和私立大学的独立自治

---

① 参见高晓清：《美国高校社会捐赠制度研究》，湖南师范大学出版社2011年版，第62—63页。

原则。① 达特茅斯学院是位于美国东北部的新罕布什尔州一所颇有名气的私立文理学院，1769 年由当时的英国殖民地总督颁发特许状而成立，学校建立了用于募捐的信托基金，并设立了管理学院的董事会。1816 年，该州议会通过一项法律将之改为公立大学，由州长和州政府选派的监事会管理。由于该学院的秘书兼司库威廉·伍德沃德（William Wardwood）偷偷带走学院的校印、账本和文件，投奔了新设的公立大学且拒绝归还，学院的董事会随即向州法院控告伍德沃德非法侵占学院财物，还连带控告州议会未经正当程序擅自立法剥夺了他们的财产权，破坏了具有契约效力的特许状，归于无效。但是，州法院认为达特茅斯学院系公共机构，即使最初由董事会出资创办，但董事会不能为私人利益考虑而把它仅仅看作是私人财产，州政府继承了原有的英王殖民地的一切权力和责任，作为民意机构的州议会有权修改原来的特许状，把它改为公立大学。学院董事会把案子上诉到联邦最高法院，律师丹尼尔·韦伯斯特（Daniel Webster）辩称："达特茅斯学院系私人之善业，存在已有半个世纪。学校的特许状由英王乔治三世核发，承认该院为法人。对董事会来说，此特许状实为一份契约，因为当初校董会是以创办一所学校为由向英王提出申请的。特许状获准后，校董会便以私人资产和私人名义开办了这所学校。新罕布什尔法院所谓该校既从事公益应属于公众之论纯系标新立异，不能成为理由：试问有谁会指派立法机构去替他管理自己的善业呢？在此之前，又有谁听说过学院、医院或救济院所接受的馈赠居然会变成了对州政府的馈赠呢？由此足以证明新罕布什尔州议会对达特茅斯学院的处理明显构成了侵占行为。"时任联邦最高法院首席大法官的约翰·马歇尔（John Marshall）首先指出

---

① 参见 Whitehead J. S. & Herbst J ., "How to think about the Dartmouth College Case", *History of Education Quarterly*, Vol. 26, No. 3（1986），pp.333-349.

学院的特许状是一份契约，"毋庸置疑，本案的种种条件构成了一个契约。向英王申请的特许状是为了建立一个宗教和人文的机构。申请书本身就指出为此目的已有大量捐赠，一旦机构创立，就将转给该机构。特许状获准后，捐赠财产如约转让。可见，完整和合法契约所需之一切要素皆存在于这一转让中"。[1] 因此，依据契约确立的达特茅斯学院属于一个私人团体而非公共机构，州议会不能干涉学院所拥有的绝对权利，特别是财产权和管理权，因为宪法契约条款的目的就是保护私人产权，它不允许各州损害州与学院之间最初契约的义务。该案的最终判决极大地保护了私人团体的独立性，不仅维护了宪法所确立的契约精神，也为私立大学的独立和自治奠定了坚实的法律基础。

1865 年之后，美国进入了高等院校扩张最重要的一个阶段。在新的形势下，州政府在建立新型高等教育机构方面的表现比教会更为积极。除了劳动技能学校之外，独立的专科学校、女子大学、教会教育委员会和典型的小型教会大学等似乎都找到了自己的位置且呈现出健康发展的迹象。与慈善捐赠的其他领域相比，高等教育成为了最大的受益者，巨额的捐赠基金被投入到大学中，且慈善捐赠在整个成本负担中占据较大的比重；针对职业和技术学校以及女子大学发展的大型慈善运动诞生，以及给予教育委员会更大的支持等。这一阶段的特征有两点：一是新型大学的建立往往得益于一大笔私人财产的捐赠，二是类似的捐赠还形成了一批非教学型的教育基金会。[2] 之所以出现这种情况，主要是因为"伴随着美国经济的发展，建国后在美国出现了一个以企业家、金融资本家和实业家为主的新兴

---

① Trustees of Dartmouth College v. Woodward, 见 http://www.law.cornell.edu/supremecourt/text/17/518.

② 参见 Sears J.B., *Philanthropy in the History of American Higher Education*, New Brunswick, NJ and Landon: Transaction Publishers, 1922, p.7.

精英阶级。新的精英阶级的巨大财富使他们有机会通过慈善事业实现自己的教育理念"①。他们发扬了慈善传统，将私人财富以捐赠和慈善的方式用于社会公益，不仅提供大量捐赠建立新的院校，还对传统的学院进行了大力改造。南北战争时期至第一次世界大战结束（1861—1918），由私人捐赠而建立的大学包括斯坦福大学、康奈尔大学、麻省理工学院、约翰·霍普金斯大学、克拉克大学、卡内基理工学院、芝加哥大学等。大学财政资助的主要来源转移到本土，新兴精英阶级改革传统大学的教育模式，推动了美国高等教育多元化的发展趋势，所有这些变化和要求都催生了高等教育捐赠的法律变革。

在这一阶段具有标志性的立法事件是《莫里尔土地赠予法》（The Morrill Land Grant Act，1862）。此前州政府建立大学有两种做法：一种是州政府根据1787年的《西北地域法令》（Northwest Ordinance）为新建的学院馈赠公共土地，该法令允许从西北部地域开拓出来的州提供两个或两个以上镇区的联邦土地支持高等教育，1836年国会再次批准任何一个州赠予两个镇区（46080英亩）的土地，用来建立一所州立大学或神学院；另一种是直接批一个办学特许状。然而，建立一所大学并不意味着州政府会一直对其提供财政支持。典型的做法是，州立法机关行使的职权仅仅限于把公共土地移交给学校的一批董事会成员。只有南卡罗来纳和弗吉尼亚州为其州立学院提供了持续的财政支持。直到19世纪后期，密歇根州和威斯康星州学院才最终说服本州的立法机关为其州立大学提供年度拨款，并接受以某种方式对其永久负责。

《莫里尔土地赠予法》规定，为州和属地一级的每一位议员和参议员提供3万英亩等量的联邦土地，用于农耕技术和机械工艺，允许各州

---

① 高晓清：《美国高校社会捐赠制度研究》，湖南师范大学出版社2011年版，第60页。

出售这种土地，出售所得用来设立留本捐赠基金，以资助至少一所高等院校。1890年，莫里尔又提出第二个法案，该法案在十年内每年直接拨款资助"赠地学院"的发展，还规定对以黑人为主的学校给予平等的资助。两部法案颁布之后，联邦和州政府总共提供了1.1367832千万英亩的土地用作公益。该法案为政府资助农业院校提供了法律保障，各州相继建立了这类由联邦赠予土地、筹集资金而得名的"赠地学院"，不仅极大地促进了美国农业技术教育的发展，也为现代大学集教学、科研、推广（即直接为社会经济发展提供科技服务）三种社会职能于一身的定位奠定了基础。此外，新建的现代私立大学除了得益于私人捐款外，也或多或少依赖于各州依据莫里尔法案所提供的土地赠予基金，比如康奈尔大学就是经纽约州的众议院审议通过使用莫里尔土地赠予基金议案而在伊莎卡创办的新大学。[1] 总而言之，该法案"确立了联邦对高等教育资助的新模式，为高等教育注入了新资金，创建了以实践性课程为主的大学，并最终为更多美国人敞开大学之门"；"新课程模型包括机械和农业研究，它改变了公众对高等教育的态度，对鼓励私人慈善捐资帮助建立大型地方大学起了很大作用"。[2]

1919年起之后的阶段被西尔斯概括为"基金会时代"，此时美国高等教育开始步入现代大学建设阶段，教学已经不再是高等院校的唯一目的，从事科学研究和应用新知识以造福大众成为了高等教育使命的重要内容。在政府资金支持和发财致富者的慷慨解囊之下，许多业已建立的学院依照约翰·霍普金斯的模式升格为大学。这一阶段最突出的特点是现代慈

---

① 参见白锦会：《莫里尔法案在高等教育发展史中的地位》，《教育与经济》1987年第4期，第38—40页。

② ［美］弗兰克·H. 奥利弗：《象牙塔里的乞丐——美国高等教育筹款史》，许东黎、陈峰译校，广西师范大学出版社2011年版，第12—13、27—28页。

善基金会介入高等教育领域，并试图从根本上提升高等教育及其实践，代表性的有卡内基基金会、洛克菲勒基金会、福特基金会等。正如尼尔森（Nielsen.W.A.）所指出的，"新的基金会运动为高等教育注入了大量的慈善资金，从而导致高等教育发生重大变革"[1]。具体表现在以下两个方面：

首先，通过制订明确的资助政策来影响高等教育的结构和标准。1902年，由洛克菲勒资助建立的通识教育委员会在研究基础上制定了最初政策：第一，由于大多数大学生都在以自己家为圆心50公里半径以内的地方求学，所以基金会更倾向于资助城市人口中心的高等教育；第二，基金会将向宗教派系提供有益的合作；第三，基金会将以留本捐赠基金的形式聚集赠款，用于建设大学建筑的投资。卡耐基教学促进基金会也制定了清晰明确的赠款政策，为了实现建立高等教育体系的目标，公布了学校入会前必须符合的标准。另外，它还确立了中学绩效评定和大学入学标准，要求不能有任何团体或组织凌驾于大学的董事会之上，设立卡耐基教师退休金基金项目，要求申请加入的学院和大学必须通过严格的资格审核，比如一所高等学府要有四年的教程和至少六名全职教授，六到八成的教师必须拥有博士学位，还需具备20万美金的永久留本捐赠基金，理由是只有财力雄厚的教育机构方可允许存活下来。但是，两大基金会都将获得州政府经济支持的大学排除在了资助名单之外。[2]

其次，现代慈善基金会在呼吁并发起大专院校筹款运动中扮演了极为重要的角色。尽管当时对于筹款策略曾出现了两派不同的观点，但它们的目标却是一致的，即为了取得成功，筹款运动（或筹款项目）需要大额捐

---

① Nielsen W.A., *The Big Foundations*, New York:Columbia University Press, 1972.

② 参见［美］弗兰克·H．奥利弗：《象牙塔里的乞丐——美国高等教育筹款史》，许东黎、陈峰校译，广西师范大学出版社2011年版，第48—52页。

赠，以及强调了筹款运动领导人的重要性。[1] 美国大学专业筹款历史上的两大派别在思想体系上的不同，分化出了两个阵营的专业筹款家，也催生出了近现代以校友捐赠为主的资助方式及其研究。"校友更广泛的参与和向母校的捐赠也引发了高等院校治理层面的校董会校友代表运动，康奈尔大学在这方面迈出了重要的第一步。培养校友包括倾听和发现他们所关切的利益如何与大学的需要产生交集，将校友支持引向了象牙塔的许多不同领域。"[2] 这些系统化的方法增强了筹款的有效性，也凸显了职业筹款人和咨询顾问在募集捐赠基金活动中的重要性。第二次世界大战以后的筹款活动也曾经历了重大的挫折，且受到了好几股社会力量的影响。一是专业组织的应运而生，既为那些对慈善事业感兴趣的人收集、整理和散发信息，也为筹款人提供培训和信息来源，同时还制定行业的职业道德和规范。二是咨询公司影响力渐增，培养了大批筹款行业的人才，有的为大学提供咨询服务，有的作为专业人才获得大学聘用，通过帮助公立大学建立"发展办公室"开拓新的筹款市场。全面筹款运动策略让高等教育筹款活动变得越发模糊不清，也引起了公众的注意并受到严厉批评与监督。在政府加强监管立法的同时，高等院校也组织其成员为筹款运动制定了行业规则和伦理标准。

20 世纪 50 年代后半期，捐赠基金总额曾以超过 17% 的年增长速度递增，而后有所放缓但仍达到年均 9% 的增长速度。第二次世界大战后，美国经济经历了巨大的增长，社会各界呼吁高等院校为不断增加的美国人口

---

① 参见 Hollis E. V., *Philanthropic Foundations and Higher Education*, New York: Columbia University Press, 1938.

② Drezner N. D., "Recessions and Tax-Cuts: Economic Cycles Impact on Individual Giving, Philanthropy, and Higher Education", *International Journal of Educational Advancement*, Vol.6, No.4（2006）, pp.289-305.

提供教育服务，《退伍军人法案》的通过进一步增加了高等院校对资金的需求。值得注意的是，在1996年高等教育获得的全部资金中公司捐赠占20%，即28亿美元，"公司慈善"成为这一时期的主力军。对美国私立大学的关注，促使了公司管理层开始以较大规模参加帮助高等教育的慈善活动，但是在公司捐款的法律上却存在着限制，即决定哪所大学或学院值得资助使早期公司慈善的领导人遇到重重阻力。公司慈善历史上的一个里程碑事件——史密斯制造公司状告巴洛案，美国最高法院宣布维持新泽西州最高法院的判决，原判决认定公司对高等教育捐赠不仅是符合法律规定的，而且它们也有这种义务。美国教育资助委员会设立的目的即为了向那些考虑对高等教育加大资助力度的公司提供信息。另一方面，也有批评者认为，捐款与公司的战略目标紧密相连，比如作为提升企业形象的公共手段，可以改善与利益团体和政府监管者的关系，赞助特定研究项目帮助公司利用大学教授及其研究成果，也有助于公司从学生中招聘员工。商界和大学间的关系过于紧密有可能导致利益冲突，或者使公司过多地左右大学。①

　　如何看待和应对私人基金会以及公司慈善对高等教育的影响呢？西尔斯指出，大型私人基金会对大学的资助代表着某些人的观念和热情，没有了教学或宗教信义甚至创建者的主导，仅仅受到公众观念和州及联邦公司法的制约，这些基金会进入到高等教育领域并产生了深刻的影响，无论是私立还是州立或是教会的大学，高等教育整个行业及其财政在某种意义上都成为捐赠所操控的对象。比如，大学课程更显著地区别于高中，学业成就的标准更清晰；数百万资金被增加到高等教育的一般性捐赠基金之中；医学、法律和工程教育在财政支持下成为巨大的获益者；教育的科学研

---

　　① 参见［美］弗兰克·H．奥利弗：《象牙塔里的乞丐——美国高等教育筹款史》，许东黎、陈峰译校，广西师范大学出版社2011年版，第86—91页。

究不仅被极大地激发，而且也通过实验和调查取得了成就；知识的界限在许多方向被广泛而昂贵的研究向前推进。与此同时，一些怀疑和担心也伴随着尖锐的批评声到来，唯恐这些强有力的机构误入歧视教育和错误的社会、政治或商业观念之中，许多人严厉批评那些拥有特权者企图用慈善捐赠的办法来影响美国社会和高等教育。为此，西尔斯强调人们不能对这些推动高等院校持续受益的资源视而不见，但又必须正确地控制它们，提醒教会、州政府、大学和教授以及一般公众要继续甄别有见解的批评与流言蜚语，牢记明智的管理捐赠有赖于合作和心存感激的受益人。"唯有如此，曾经是教育慈善的最伟大实验的尝试才会继续证明其对社会的价值。"①

　　诚然，慈善基金会是回应现代慈善公益事业发展需求的产物，具有规模化、组织化和专业化等特点，这种模式使相对零散的私人教育捐赠更加集中起来，通过相对完善的运作机制和管理规范，将资助高等教育发展的行为更多地建立在科学的、理性的基础之上。富有的捐赠者通过建立基金会来管理巨额捐款，资助现代研究型大学，推进其快速发展，策划知识重组以使美国国力跻身于世界强国之列。一些改革者发动了无声却又不断进步的法律革命，以授予受托人扩大捐赠者意图的权力，可以根据条件改变而调整策略。19世纪末20世纪初，绝大多数州对慈善事业都采取了宽容的态度。许多法律，特别是有关慈善捐赠免税的规定，都显示了处理慈善问题的灵活性和鼓励慈善事业发展的趋势。法院对慈善用途和公共利益的解释也比以前更宽泛了，"近似原则"本身就是判例法灵活性的一种体现。但另一方面，对慈善资金的滥用或被认定为滥用的行为将受到严格的监管和严厉的处罚。20世纪60年代，慈善基金会受到了史上最严厉的

　　① Sears J.B., *Philanthropy in the History of American Higher Education*, New Brunswick, NJ and Landon: Transaction Publishers,1922,pp.108–109.

一次调查，即众议院财政立法委员会和参议院财政委员会在 1965 年要求财政部对基金会展开独立调查，其结果直接导致了 1969 年《税收改革法案》的出台。这个法案首次对基金会征税（对净投资收入征收 4% 的特种税，1972 年降到 2%）；并且要求基金会在一年内捐出所有的投资所得或者以赠款形式捐出至少 6% 的资产，两者不相等时，按数额较高的方式捐款（1972 年降到 5%）。同时，该法还禁止基金会进行内部交易，监管基金会对个人的赠款，限制基金会持有公司，并且限制基金会影响立法和参与政治运动。[①] 时至今日，由高等院校的全面筹款运动所引发的争议和丑闻也引致了对大学这类公共慈善机构更加严格的立法和监管，以及高等教育界在筹款和管理方面制定更完善的行业标准和伦理规范。这些变化也从侧面反映了美国高等教育慈善捐赠法律体系良好的适应性与灵活性，新的形势催生新的法律规则补充到现有制度之中，不断完善的法律制度为大学捐赠基金的有效管理和运作提供了最基本的行为规范和监管标准。

第二节　大学捐赠基金法律制度框架

殖民地时期美国新建学院常年处于缺乏资金的境况，由英国国王或学院所在州的州政府提供的资助和年度补助少得可怜，它们得以幸存主要仰仗那些有能力也有兴趣给学院小额捐赠的、受过教育的市民的广泛支

---

① ［美］弗兰克·H．奥利弗：《象牙塔里的乞丐——美国高等教育筹款史》，许东黎、陈峰译校，广西师范大学出版社 2011 年版，第 109 页。

持，比如哈佛大学主要就依赖于邻近的居民支持，而布朗大学则得到教会的无偿资助。早期捐赠的形式包括"有些是小额的现金捐赠，偶尔有遗产捐赠，有时还有人捐来可以兑换成现金的书籍和物资"；尽管货币紧缺，但通过"登记认捐"的方式也可以为学院提供有价值的商品，如玉米、黄油、木材、劳力、羊或其他家畜。[①] 让赞助人的名字出现在学院赞助人的名单上，被认为是一件值得做的事情，可以证明捐赠人是社区里的重要支柱。因此，许多来自市镇居民和教会信徒的捐赠都被保留下来了历史记录，成千上万的小额捐赠似乎记录下了一个事实，那就是从一开始这些学校就是民众的，这使大学得以普及化并有助于社会民主化。就此，柯蒂和纳什曾评论道，不仅仅是因为规模，这些捐赠对教育筹款未来的意义在于，高等教育及其慈善支持就像观念的种子被培育和植根在了美国精神之中。[②] 就捐赠的用途而言，殖民地时期的大学捐赠主要流向了修建图书馆、购买书籍、提供奖学金、支付工资、资助教授讲席和学校设施修缮等，这些被认为对于任何一所大学都是至关重要的，而不是将捐赠资金投资于未来的需要，因为捐赠的目的不仅仅是推动学术研究，更是为了教育社区中的民众。

建国初期的筹款手段并没有改变，通常仍然是依靠个人出面，用登记认捐的方法来请求捐赠承诺。这种承诺有时得以兑现，有时则不然。到了19世纪中叶，州政府支持高等教育的观念已经被广泛付诸实践，既没有将教会或私人慈善排除在外，也没有有意识地去干预它们。富人慈善家发扬慈善传统，将私人财富用于社会公益，发起建立大型竞争性大学或者投

---

① 参见［美］弗兰克·H．奥利弗:《象牙塔里的乞丐——美国高等教育筹款史》，许东黎、陈峰译校，广西师范大学出版社 2011 年版，第 8 页。

② 参见 Curti M. & Nash R., *Philanthropy in the Shaping of American Higher Education*, New Brunswick: Rutgers University Press, 1965.

入巨额资金建立捐赠基金，对旧式大学和小型机构造成了压力。1860 年接受资助最多的大学不是哈佛、耶鲁或普林斯顿，而是联合学院，它得到了该校校长伊利法莱特·诺德（Eliphalet Nott）60 万美元的留本捐赠基金用以设立奖学金和资助教授席位。[①] 永久性的捐赠基金在某种程度上更为流行起来，含有特殊目的的捐赠逐渐取代了对大学的一般性资助。到了慈善基金会时代，则更加强调留本捐赠基金的意义和作用，比如洛克菲勒基金会要求以留本捐赠基金的形式聚集赠款，用于建设大学建筑的投资；卡耐基教学促进基金会也要求会员院校拥有 20 万美元的永久性留本捐赠基金。时至今日，美国大学捐赠基金的来源渠道、结构形式和管理模式等都更具复杂性和多元化的特征，诸多实证研究证明，其长期以来的良好表现是基金规模、大学品牌、投资策略和治理结构等多种要素有效组合的结果。

　　如前所述，我国学者按照管理模式的不同将大学捐赠基金分为三个发展阶段，即 15 世纪到 20 世纪 60 年代中期、1969—1972 年的"转折期"、1972 年至今的"增长期"。更确切地说，这一划分所依据的是大学捐赠基金的投资运作及其法律规则的变化，然而讨论大学捐赠基金的法律制度不能仅限于投资行为。从传统到现代，大学捐赠基金的法律定义从最初严格的永久性、限制性留本捐赠基金逐渐放宽到附期限、非限制性的捐赠基金，投资收益的概念、范围及使用规则也随着实践的需要而发生了重要的变化。例如，法律承认捐赠基金的价值实际上涉及对遗产处分权利的质疑以及强调国家作为此类捐赠真正受益人的权利；20 世纪 50 年代以后，立法主要围绕如何保持捐赠基金的购买力以更好地实现其历史使命而展开。

---

① 参见［美］弗兰克·H.奥利弗：《象牙塔里的乞丐——美国高等教育筹款史》，许东黎、陈峰译校，广西师范大学出版社 2011 年版，第 24—25 页。

可以说，法律的变革往往源于实践中解决问题的现实需要以及就此所展开的诸多观点交锋。然而，正如西尔斯所指出的："纵观整个历史，发现有相当比例的捐赠是以非限定性的方式捐赠给大学的，即在如何使用上没有任何的限制，即便是限定性的，也会始终不变地遵循大学自身发展的基本路线。"① 因此，要搭建系统而完整的分析框架还是要将大学捐赠基金置于美国高等教育捐赠甚至慈善法律体系之内。

综观目前各国慈善立法模式，主要有集中型和分散型两种，区别就在于是否有一部综合性的成文法作为规制慈善组织及其活动的基本法，法律文本名称通常为《慈善法》《慈善事业法》《慈善活动和慈善组织法》《慈善与慈善组织法》《慈善事业和慈善活动法》等。当然，慈善基本法并不排斥同时存在其他多部涉及慈善组织或行为的特别法或者个别条款，诸如《社团登记法》《基金法》《非营利组织法》《遗产与赠予税法》《信托法》等。直到 20 世纪 90 年代，综合性的慈善基本法才得以出现，主要源自于非营利组织对社会治理广泛参与的现实，国家对慈善组织和慈善活动加强监督与管理的需要，以及法律自身不断完善发展的规律，遂成为世界各国慈善立法的主流趋势。究竟采用何种模式取决于各国法律监管慈善行业的历史传统、制度实践与立法技术等。美国慈善立法采取的是分散型模式，没有专门的、独立的关于慈善事业的联邦制定法或成文法，与慈善相关的法律规定散见于各类规范性法律文件甚至司法判例之中。由于美国传统上属于普通法系（也称判例法系）国家，因此就广义的立法而言，联邦和各州所制定的法律法规与各级法院作出的司法判例共同构成了美国慈善法非系统化的法律制度框架，若按主题划分则包括：（1）慈善、慈善目的、慈善活动的定义；（2）慈善法的原则；（3）慈善事业监管机构

---

① Sears J.B., *Philanthropy in the History of American Higher Education*, New Brunswick, NJ and Landon: Transaction Publishers,1922,pp.106–107.

及其职责；（4）慈善组织的定义和种类；（5）慈善组织的注册登记制度；
（6）慈善组织的税收优惠制度；（7）慈善组织的内部治理结构；（8）慈善
组织的财产制度；（9）慈善组织的财务管理与审计监督制度；（10）慈善
组织的信息披露制度；（11）慈善组织的变更、撤销或终止制度；（12）慈
善基金的设立、运营和监管制度；（13）慈善信托制度；（14）政府对慈
善组织的财政支持及其他辅助政策；（15）慈善组织境外活动的相关制度；
等等。

　　制定法是联邦和各州立法机关按照特定程序制定的关于慈善组织及其
活动以及与大学捐赠基金相关的规范性法律文件。联邦法层面以《国内税
法典》《国内税收条例》为核心，通过税法的技术性规范来界定慈善、慈
善目的、慈善组织等基本法律概念和认定标准，这体现了美国法律的实
用主义倾向，使得慈善法律法规与税法有效地衔接起来，落实慈善法律
关系各方主体（比如慈善组织、捐赠者和受益人等）相应的税收优惠待
遇以达到鼓励和保护慈善捐赠的作用。隶属于财政部的国税局负责免税
组织的资格认定与审核工作，总部设在华盛顿特区，但地区性的办事处
却遍布全美。1954 年它根据《国内税法典》第 501 条（c）款第（3）项
的规定制定了国库法规，对"慈善"及与慈善目的有关的诸多术语进行了
界定，2007 年还就哪些慈善组织可以从事党派政治活动而在相关行政法
规中予以了明确规定。另外，它关于税收法及其规则的解释和指引、关
于法律的决定（即税收裁定）和程序性规则（即税收程序）也都具有法
律强制力。① 除了税法以外，联邦法层面还制定了《统一机构基金管理
法》（1972）、《非营利法人示范法》（1987 年修订）、《统一谨慎投资者

────────

① 参见 Bruce R. Hopkins, *The Tax Law of Charitable Giving*, John Wiley & Sons, Inc., 2010,pp.
725-738.

法》（1994）、《统一非法人非营利社团法》（1996）、《慈善目的信托受托人监管统一法》（1996）、《投资顾问伦理准则》（2004年修订）和《统一机构基金谨慎管理法》（2006）等文件来规范慈善组织所牵涉的各类法律行为及关系。《非营利法人示范法》（1987年修订）首次引入了非营利组织的规制模型，规定了非营利法人的内部治理结构制度、名称制度、注册制度、成员制度、合并制度、财产制度、分配制度、解散制度、档案制度、报告制度等；《统一非法人非营利社团法》明确了非法人非营利社团的相关概念和立法原则，从实体到程序全面界定了非营利社团作为遗产受赠人、接收遗赠者、受益人的财产权利制度、侵权责任和合同责任制度、个人财产处置制度、起诉和辩护的资格及管辖等诉讼救济制度；《统一机构基金管理法》解决了机构基金（包括大学捐赠基金）在投资范围和管理上的法律权限和职责等问题，设计了一套适用于机构基金的谨慎投资者规则，如投资基金增值的谨慎投资标准、特定投资权限、代理作出投资管理决定的授权、董事会依据该法其他条款履行义务的商业注意和谨慎标准等；《慈善目的信托受托人监管统一法》规定了慈善信托制度、慈善信托强制等级制度、慈善组织所控制的投资性不动产的管理和使用制度、基金管理制度、慈善活动税收优惠制度、免税主体注册制度、公共资金资助制度等。

州法层面也相应地分为州立法机关制定的成文法规范，州行政部门及其代理或类似机构制定的解释性法规、规章和条例，以及由州司法系统（通常仿效联邦司法系统建立三层体系）审理慈善捐赠的案件而形成的判例。各州不仅采纳通过了联邦制定的《非营利法人示范法》《统一机构基金谨慎管理法》《投资顾问伦理准则》等法律，还制定了适用于本州的非营利法人法、慈善募捐法、税收条令和相关的实施细则等，适用于其管辖区域内的慈善组织和个人。比如，各州通过制定慈善募捐法对在本州管辖范围内的筹款与募捐行为进行规范，承认地域差异性所导致的法律适用之不同，比如规定在本州从事筹款和募捐行为的人或组织须履行注册与报告义务，规定前置审批、豁免注册、信息披露、可得性记录、筹资成本限制、合同备案、注册代理、禁止性行为、违法禁令、互惠协议、募捐公告、州检察长的权限等。尽管各州用以规范慈善机构的法律文本名称及内容各异，如北卡罗来纳州《非营利法人法》、密苏里州《慈善基金——教育、惩戒机构》、爱达荷州法典《私人基金会和捐赠》、阿拉斯加州《统一共同信托基金法案》、加利福尼亚州《非营利完整性法》等，但归纳起来大致有以下要求：（1）公益性原则，要保证募集到的资金能够根据捐赠人的意向，用于公益或慈善的目的；（2）知情权，要保证公众能够获得对使用捐赠的有关决定的准确可靠的信息；（3）财务信息披露制度，要求慈善捐赠的资金管理和运作具有相当高的透明度，并且通过相关网站向公众公布年度财政报告，接受社会大众和媒体的舆论监督。

普通法指的是联邦和州的各级法院通过案例审理而确立的法律概念、判决原则甚至处理意见，经过正当程序后即产生普通法意义上的法律效力。联邦法院系统分为三个层次——初审法院、上诉法院和最高法院。初审法院包括各类联邦地区法院（每州至少一个，包括哥伦比亚特区）、税务法院和索赔法院。上诉法院共有 13 个，除了第一到第十一巡回上诉法院外，还包括哥伦比亚特区上诉法院和联邦巡回上诉法院。联邦法对各级法院有权管辖的范围及案件都有明确的规定和要求。法院作出的判例经由特定程序被确认为具有"先例"的法律效力，实际上起到"立法"的效果，如关于"慈善""慈善目的""公共政策要求""政治活动""免税资格"等在判例法上的司法解释。早期的典型案例如 1819 年新罕布什尔州的达特茅斯学院诉伍德沃德案，联邦最高法院否决了新罕布什尔州的判决，确保达特茅斯学院的章程不被改变，其理由是：如果改变章程，将违背捐赠人的意愿，从而挫伤捐赠人的积极性，给慈善的发展带来消极影响。该案的判决结果表明美国联邦最高法院承认了慈善捐赠的合法性。1830年马萨诸塞州最高法院在哈佛学院诉艾默利案（Harvard College V. Amory）的裁决中确立了"谨慎人"（prudent man）规则，初步建立了捐赠基金受托人的谨慎管理规则等。

在慈善法的制度框架之下，大学捐赠基金所涉及的法律关系和行为规范也尽可能被囊括到不同层次的规范性法律文件和司法判例之中。例如，大学捐赠基金以慈善公益为目的，其组织机构可依照税法申请获得免税资格而享有税收减免优惠；就组织机构的设立条件和程序而言，以独立法人形式建立并运作的大学捐赠基金管理组织，必须在各州检察长办公室进行登记注册方可成立，才能取得非营利法人的法律主体资格，其组织治理和日常活动均须严格依照所在州的法律规定；大学捐赠基金的内部治理适用非营利组织法的相关规定，重点是强调基金管理组织的法人治理结构和董事义务，如果采取慈善信托的形式管理捐赠基金则须适用信托法的受托人法定义务等规则；大学捐赠基金的投资行为被纳入到机构基金的投资管理法律中，并适用谨慎投资者规则等。这种法律制度框架具有较强的开放性和灵活性，能够顺应时代的变化和需要而不断地补充和完善。结合第二章对研究文献所作的主题归类，接下来本书将按照大学捐赠基金法律行为的类型和规则进行逐章分析，主要涉及六个方面：（1）法律主体资格；（2）筹款募捐规则；（3）内部治理规则；（4）投资运作规则；（5）分配支出政策；（6）会计审计标准。简单来讲，这些规则所讨论的是如何获得或撤销法律主体资格、如何开展筹款与募捐活动、依托何种组织形式进行有效的运营、如何投资以保持捐赠基金的购买力、如何制定分配政策与支出比例，以及如何遵循财务信息披露标准等。

第四章　美国大学捐赠基金法律主体制度

大学捐赠基金是一种具有法律意义的财产及其集合形式，涉及财产关系、治理结构、行为类型和法律责任等，而管理组织的法律主体身份及其权利义务关系是首先需要明确的问题。实践中，一所大学可以同时拥有多个捐赠基金，也可以采取不同的模式进行管理，因而要厘清大学捐赠基金纷繁复杂的法律关系相当困难，尤其是在规模日渐扩大、组织管理趋于复杂、投资行为不断创新的情形之下。法律主体制度的意义在于赋予了大学捐赠基金管理组织明确的法律地位，明确所涉各方主体的权利义务关系，适用恰当的法律规则进行纠正或者提供法律救济。

第一节　法律主体类型辨析

实践中，大学捐赠基金的管理组织是复杂多样的，其与高等院校之间的关系在法律层面所适用的规则也不尽相同。究竟采用何种管理模式，取决于学院和大学捐赠基金的规模大小、管理传统、专业能力等诸多因素。管理模式整体上大致可分为内部管理和外部管理两种。所谓内部管理，即把大学捐赠基金纳入到学校管理体系与财务系统之中，比如耶鲁大学设立了投资委员会专门负责捐赠基金的投资业务，而学校发展部、校友会等则负责筹款、管理和支出等其他事宜，投资委员会的目的是有效管理基金资产并有义务执行基金设立的目标。内部管理的优点是对捐赠基金有更多的控制权，能够按照学院和大学的需求进行各项决策，但也存在责任的划分和界定不明等问题。

所谓外部管理，是指由大学以外的一个独立实体来管理和运作捐赠基金，目前比较常见的做法是将投资业务委托给外部专业团队管理。外部专业团队包括各个资产类别的专业投资经理以及第三方独立投资咨询顾问。以哈佛大学为例，设立了专业、规范、灵活、高效的组织管理体制，服务于哈佛筹资活动的主要组织体制包括三大类：一是直接负责或管理捐赠事务的管理部门或组织机构，包括哈佛大学基金会、哈佛校友联合会和学校开发办公室；二是负责进行投资运作的哈佛管理公司；三是负责进行成本收支平衡和预算管理的财务部门，包括财务总管、财务副校长和财务部。[1] 相比之下，外部管理的好处是，许多大学内部不具备拥有专门知识或资源的人才来管理日常投资决策，而外部专业全职团队却可以通过其专业的协调能力帮助基金筛选合适的投资经理以及制定资产多元化的投资策略。勒纳等人（Lerner, et al）研究发现，规模大并通过外部专业团队管理的大学捐赠基金获取的投资收益比规模小并通过内部管理的基金获取的投资收益要高得多。戴维森（Davison）研究比较了内部管理和聘用外部投资基金经理进行管理的大学捐赠基金的业绩。结果显示，聘用外部基金经理管理投资的大学基金在资本增值上比内部管理的大学要高出 1.4%。[2]

---

① 参见胡娟、张伟:《哈佛大学资金来源、筹资模式与经验启示研究》,《高等教育研究》2008 年第 5 期。

② 参见杨坦等:《大学捐赠基金的运作与管理模式研究》,上海交通大学出版社 2017 年版,第 20 页。

从法律主体类型来讲，公立和非营利私立学院或大学都属于非营利组织，而大学捐赠基金的管理机构要么是附属于学院或大学的内部组织，要么是独立于学院或大学的外部组织。对后者而言，其对大学捐赠基金的管理和运作以及所获得的投资收益都是为了满足和支持高等教育机构的发展需要，因此也往往采用非营利组织的法律形式。然而，容易造成困扰的是非营利组织与免税组织、免税慈善组织等概念之间的关系（如图 4-1）。简言之，所有的免税组织都属于非营利组织，而免税的慈善组织仅仅是诸多免税组织中的一种，且遵循的法律标准要求是最高的。

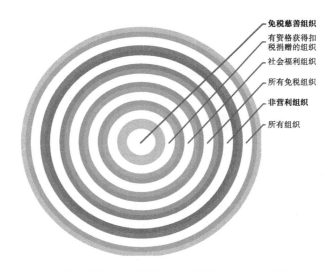

免税慈善组织
有资格获得扣税捐赠的组织
社会福利组织
所有免税组织
非营利组织
所有组织

图 4-1 非营利组织、免税组织与免税慈善组织之间的关系

（资料来源：［美］布鲁斯·R.霍普金斯：《慈善捐赠税法》，纽约：约翰威立公司 2010 年版，第 7 页。）

公立学院和大学隶属于政府，自然获得免税待遇。一般来说，以非营利组织形式成立的学院或大学也享有免税待遇。《国内税法典》第 170 条（ⅱ）所规定的公共慈善组织之"教育组织"（有正规的教师和课程设置，招收一定人数的学生，在某地固定开展教学活动）就包含学院和大学。这些规定同样适用于公立院校和非营利私立院校的相关组织，例如校友会、筹款基金会和其他关联基金会等。按照《国内税法典》第170条（ⅳ）的规定，"组织的收入[①]主要来自于美国政府、州政府或其他政府部门，或直接或间接地来自公众；该组织的设立与运作是专为接受、保管、运营和管理上述财产并交给上述（ⅱ）规定的学院或大学；且该学院或大学应为州或其他政府部门的附属机构或机关，或是州或其他政府部门及一个或多个州或其他政府部门下设的附属机构或机关拥有所有权的大学或学院"。

大学捐赠基金的管理组织是第170条（ⅳ）最典型的代表，它可能是免税的学院或大学的一部分，受其控制或支配，也可能是一个独立于受益的学院或大学的组织，后一种被统称为"支持型组织"（Supporting Organization）。支持型组织必须是为了大学的利益或为实现其慈善目的而成立和运营的，执行某项特定的功能，比如财政支持。大学将法律允许转移的捐赠基金的部分或全部转移到支持型组织，由它负责管理、投资和使用，获得的收益用来满足大学的经费需求，如支付运营成本、资助学生、改善教学和促进研究等。即便是一个独立的法律实体，学院或大学通常也会采取间接的办法控制着自己的捐赠基金，比如通过关联基金会。一个独立的大学捐赠基金管理组织可以申请免税，其获得的捐赠如果符合法定的慈善目的就可以被扣除。当然，任何一个组织想要获得免税待遇，仅仅以非营利组织的身份成立是不够的，因为非营利组织一般要依照各州立法进行组织、运作和管理，没有填报要求，而免税组织要想获得免税资格必须依法定程序提交相应表格和通过相关测试，只有满足具体的法律标准和认定程序才能获得免税资格，比如通过免税申请获得国税局颁发的认定免税待遇的决定书或裁定书，学院和大学亦是如此。可见，大学捐赠基金的管

---

① 除按照第501条（a）款的规定来自于组织慈善、教育或其他免税活动的收入之外。

理组织能否获得免税还要取决于它是否满足国税局的年度免税申请审查甚至不定期的专项调查条件，提供必要的文件尤其是财务信息以及证明其与学院或大学之间的利益关系等。支持型组织往往因其功能和目的可以依法申请成为免税组织，但却可能由于投资收入规模巨大或经济活动性质复杂而无法通过相关测试。大学一般通过直接或间接地控制支持型组织确保其获得免税资格，比如大学的董事会或高级管理人员直接参与支持型组织的运营管理，决定投资政策和捐赠机制，或者指导收入使用和分配支出。①

　　非营利组织，是相对于营利组织而言的，根本区别在于是否以营利为目的，后者一般指典型的商业性公司或企业。在美国，传统上曾有过法人、信托、非法人团体和免税非营利有限责任公司四种法律形式。②现代大学捐赠基金的管理机构通常采用的是非营利法人（The Corporate Form for Charities/Nonprofit Corporation）和慈善信托（The Trust Form for Charities）两种形式。非营利法人是指采取法人治理结构的非营利组织，优势在于法律关系及责任明晰有助于提高管理效率和促进组织目标。美国现代慈善公益尤其是大型基金会的发展，使法人运作模式在非营利组织中逐渐成熟和规范，《非营利法人示范法》（Model Nonprofit Corporation Act, 3nd Edition, 2008）的出台规范了非营利法人的设立、运行及相关活动，逐渐被各州所采纳或经修订后实施。概括来讲，各州非营利法人法的核心内容包括：创建非营利法人，修订法人章程，禁止控制，持续期，更改、合并与解散，收入积累，内部组织，董事的责任（含委托、保留和呈递

---

　　① 参见 Bruce R. Hopkins, Virginia C. Gross & Thomas J. Schenkelberg, *Nonprofit Law for Colleges and Universities: Essential Questions and Answers for Officers, Directors, and Advisors*, New York: John Wiley & Sons, Inc.,2011,pp.108–109.

　　② 参见 Jack B. Siegel, *A Desktop Guide for Nonprofit Directors, Officers, and Advisors*, New York: John Wiley & Sons, Inc., 2006, p.24.

会计账目及其他），董事的权利，董事的自由裁量权，董事的薪酬，超越权限签订合同的责任等，以及为管理慈善信托而成立的公司、不适用于法人的信托规则与报告规定。[1] 营利法人与非营利法人的划分标准即是设立法人的目的——是否为了"营利"。这里的"营利"并不是通常所理解的"收益大于成本"，而是特指不以将利润或净收益从组织转移给私人（通常是组织的所有权人）为目的。"禁止私人分配原则"（Private Inurement），起初要求组织净收益的任何部分都不能为任何私人股东或个人利益而分配，逐渐演变为一个免税组织的任何收入或资产都不允许直接或间接地不适当地为个人或其他人的利益而分配，即便这些个体或实体与组织存在紧密的关系，比如处于控制免税组织达到显著程度的地位的情况下也是如此。鉴于营利组织与非营利组织在活动目的和对社会的价值与意义方面存在根本不同，所以法律在对二者进行监管时能够介入且应当介入的范围、程度与方式也应有所区别，比如非营利法人中以慈善为目的的组织可以依法享有税收减免待遇，而营利法人在大多数情况下都不能免税。

慈善信托是指为了慈善目的授权受托人负责管理委托人的财产并将之用于指定的受益人。信托关系是法律标准的核心，它最初源于英国普通法中与信托和财产相关的部分，现行法律包括《信托法》（Uniform Trust Code, 2010）、《慈善目的信托受托人统一监管法》（Uniform Supervision of Trustees for Charitable Purpose Act, 1996）以及《信托法重述》（Restatement of the Law of Trust）等。各州信托法的重点是强加给受托人特殊责任的法律规则，包括管理信托的责任（掌握和保留财产、请求强制执行、应诉、保

---

① 参见 Marion R. Fremont-Smith, *Governing Nonprofit Organizations: Federal and State Law and Regulation*, The Belknap Press of Harvard University Press, 2004, pp.49-55.

持信托财产的购买力、保持信托财产独立、保持信托财产与受托人个人财产分离、谨慎地选择一家银行存管信托基金并适当预留银行存款等），留存和呈递清晰、完整和精确的账目及相关记录的责任，免责条款和第三人责任，以及各州检察长的强制执行权和法院对信托的监督等，目的就在于保证受托人忠实地履行职责（包含忠诚义务和谨慎义务）。受托人只要不违反法律和公共政策，就可以执行信托条款明确赋予他的任何权利，并允许其因在管理信托过程中提供服务而获得合理的薪酬。[①] 例如，筹款基金会（Fundraising Foundation）通过慈善募捐和开展与筹款相关的特殊活动或其他不相关商业活动，为大学筹集资金或提供财政支持，其管理人（信托人）与捐赠人（委托人）和大学（受益人）之间构成慈善信托关系，受信托法规范。

　　无论捐赠基金采用何种管理模式，大学为了更好地实现捐赠基金的价值和功能，都会选择通过适当的方式参与捐赠基金的组织管理，通过对捐赠基金的管理尤其投资决策施加一定的控制或影响来确保捐赠基金用于支持大学运营预算和长远发展，这不仅是出于对现实利益的考量，更体现了大学对自己的社会声誉和捐赠人（尤其是校友）负责任的态度。大学捐赠基金在法律主体形式上无论是非营利法人还是慈善信托，都可以依法申请成为免税组织，所接受的捐赠和相关收入以及捐赠人均可以依法享受减免税的优惠待遇，但前提是必须证明其符合税法界定的慈善目的，并且定期或不定期地接受税务稽查机关实质性和程序性的审查或测试。

---

　　① 参加 Marion R. Fremont-Smith, *Governing Nonprofit Organizations: Federal and State Law and Regulation*, The Belknap Press of Harvard University Press, 2004,p .163.

第二节　免税资格审查标准

公立和非营利私立高等院校是美国公共慈善组织的重要组成部分。法律之所以赋予慈善组织免税的地位和身份，主要是基于对慈善的"公益性"考虑。正如布鲁斯·霍普金斯所说："税法这方面的规定是以大量远离税收政策的考虑为根据的，而是基于以适当的方式建设与公民社会有关的政治哲学。"[①]立法者鼓励捐赠或类似的慈善行为，理由在于它分担了本该由政府承担的公共责任，节约了政府财政开支，有助于促进民主公正和社会福祉，所以政府才让渡部分税收利益给予其免税待遇。大学捐赠基金源自高等院校所接受的社会慈善捐赠，且用于支持高等院校日常运营及特定项目的支出。无论采取何种管理模式，大学捐赠基金在理论上都应当获得相应的免税待遇，但前提是其必须符合免税慈善组织的税法审查标准。通常情况下，大学捐赠基金是否达到法定的审查标准，对于高等院校能否顺利通过免税资格的审查影响重大。

一、高等院校免税资格审查

国税局隶属于财政部，负责评估和征收联邦收入所得税及其他，下设

---

① Bruce R. Hopkins, *The Tax Law of Charitable Giving*, New York: John Wiley & Sons, Inc., 2010,p.8.

的免税组织部门负责免税组织相关的政策制定和执法工作，专注于免税组织的检查程序和审查项目，它根据免税组织提交的年度信息报告或特定的审查项目，对免税组织进行检查以确保其合规性，检查既可以是全面的也可以是基于一项具有针对性的独立议题，既可以是常规性的也可以因媒体报道、州检察长质询或其他第三方举报涉嫌不当行为而发起。近年来，国税局对免税组织的审查渐趋加强，对申请主体是否符合免税资格进行严格的实质性与程序性审查（如图4-2）。[1]

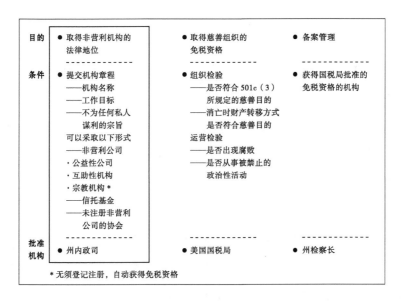

图4-2　美国免税的慈善组织注册程序与监管机构

（资料来源：民政部政策法规司编：《中国慈善立法课题研究报告选编》，中国社会出版社2009年版，第70页。）

　　另外，及时了解审查内容及其标准的变化和重点对申请免税的慈善组织管理层而言也十分重要。国税局按照联邦税法的规定对申请免税的慈善

_____

① 参见［美］贝奇·布查特·阿德勒：《美国慈善法指南》，NPO信息咨询中心主译，中国社会科学出版社2002年版，第5页。

组织进行八项测试:

（1）主要目的测试。一个组织的主要目的决定了它是否有资格成为一个免税组织，如果有，那么适用哪一种类型的豁免资格。

（2）组织测试。慈善组织对所设立的目的或解散的条款等有无必要性的说明与解释。

（3）运营测试。运营测试关注的是慈善组织的功能是否满足免税地位的要求，原则上要求避免内部人分配、实质性立法活动和政治竞选活动等。

（4）内部人分配原则。它是所有免税组织豁免联邦收入税的法定标准和重要规则，要求一个免税组织在建立和运营过程中，净收益的任何部分……不得以任何私人股东或个人为受益人。该原则意味着免税组织的任何收入或资产都不允许直接或间接地使内部人或其他与组织有密切关系的人"过度"受益，尤其是当这个人明显处于控制该组织的位置时。

设置该原则的目的是确保免税组织服务于其所宣称的免税目的而非个人利益，避免免税组织被内部人或在组织活动中获取私人利益的其他人所控制。所谓的"内部人"通常是组织的创始人、受托人、董事、高级管理人员及其家庭成员。强调"过度"利益，意味着该原则并不禁止免税组织和那些与组织有密切关系的人之间进行交易，但要求这些交易能够经得起"合理性"标准的检测；如果是双方利益大致相等的交换是合理的，其目的在于劝阻不成比例的利益分摊流向内部人。该原则也不禁止付薪给组织的雇员，但提供的薪酬必须是合理的，通常采用可比性的数据作为衡量标准，也就是说，类似的组织在类似情况下为类似服务所支付的一般报酬数额标准。违反内部人分配原则的法律制裁是撤销所涉及组织的免税地位或拒绝其申请。

（5）私人利益原则。如果发现一个免税组织服务于私人而非公共利益时，那么该组织的慈善地位可能被撤销。为了获得免税待遇，一个慈善组织必须证明其建立或运营不是为了谋取私人利益，私人包括指定的个人、组织的创始人及其家庭成员、组织的股东或者直接或间接被上述人所控制的人，不限于内部人。违反私人利益原则的法律制裁是撤销所涉组织的免税地位或拒绝其申请。

（6）中间制裁规则。中间制裁规则强调的是对那些参与与特定类型免税组织从事禁止私人交易的人征税，而不是撤销其免税组织的地位。通过这种方式，税法制裁——例如惩罚性消费税——可能被强加在那些不恰当地从交易中获利的人身上，以及参与交易并知晓其为不恰当行为的特定组织管理者身上。这些税由初始税及附加税构成。这里所谓"不符合免税资格的人"一般是对所涉及的免税组织的运营拥有某种程度的控制或处于类似位置的人。该规则的核心是禁止超额利益交易，即免税组织所提供的经济利益的价值超过了接受提供利益的对价，之间的差价为超额利益，比如不合理或过度的薪酬，这里采用"可比性"作为衡量合理与否的标准。中间制裁规则将引发初始税，即超额利益的25%，由不符合免税资格的人或参与人支付，并且该项交易必须被撤销，通过将双方置于交易前同样的经济位置对交易进行"矫正"；如果不及时支付或交易不被适当地及时矫正，那么将招致另一项额外的税收，即超额利益的200%。中间制裁规则赋予国税局稽查员权力，对非营利组织内部个人的不轨行为进行惩罚，而不是惩罚组织本身，可受制裁的不轨行为包括将净收入转移给个人。

（7）相称性测试。即国税局可以评估一个慈善组织是否在与其财政资源相称的范围内持续活动。

（8）公共政策原则。它是指慈善组织只有在符合联邦公共政策的前提下运营才可以得到税收豁免资格。如果一所私立学校在对学生录取时存在种族歧视政策，那么它就不能享受免税待遇。

此外，国税局还要求免税组织提交年度信息报告和不相关收入所得税报告。大多数免税组织需要提交的年度信息报告即990表格，私人基金会是990-FT表格，政府组织是990表格或1120-POL。规模非常小的机构可以电子方式提交990-N表格（即电子明信片）。国税局要求免税组织提交不相关商业收入所得税报告（990-T表格），报告收入、支出和任何应税项。国税局还要求慈善组织自接受捐赠之日起三年内向其提交处理赠予财产的交易报告（8282表格）。非营利法人需要向所在州提交年度报告，并向从事筹款活动所在的州提交慈善募捐报告。更重要的是，免税组织被要求向公众披露其申请成为免税组织的文件副本及支持性文件，还要披露最近三年的年度信息报告和不相关商业收入所得税报告。[①]

二、大学捐赠基金审查标准

1994年，国税局发布了《学院和大学审查指南》，就国税局及其代理机构审查高等院校的免税资格提供了全面指导，内容涉及高等院校的分类和定义、初始章程条款、财务报告、相关方交易、附加福利、薪酬安排、筹款募捐、研究合同、奖学金、游说立法和政治性活动及费用、书店、其他不相关商业收入所得税、相关实体等。该指南旨在为税务稽查机关提供一个框架性的审查标准，提供应当被考虑的各种因素，比如

---

① 参见 Bruce R. Hopkins & Virginia C. Gross, *Nonprofit Governance: Law, Practices and Trends*, John Wiley & Sons, Inc., 2009, pp.199–202, 206–207.

会计方法和财务信息等。[①]其中重点审查了与大学捐赠基金相关的三项内容：

第一，判断由高等院校管理的任何独立的资金，例如指定席位的捐赠基金或者独立的奖学金，决定这些资金是否用于促进免税目的而运作。

第二，高等院校所拥有的资产可能涵盖由其他实体控制的特定资金，这些资金类似于单一信托。如果高等院校存在这样的账目，需要判断这些资金的实质和相关的条款。焦点是捐赠人和高等院校的关系以及捐赠人是否扣减了适当数额的税收。

第三，高等院校可能拥有大量的基金会，通过这些基金会开展活动，其中一些并不是高等院校直接控制和管理的。这些活动可能包括为私人公司开展的研究，而这些研究是州法禁止私立学校进行的商业性研究。高等院校也通过基金会获得巨大的捐赠。

2008年末，国税局发起了一项专门针对学院和大学的合规性项目调查，向400余所高等教育机构发放了调查问卷，问题集中在高等院校的管理实践、捐赠基金管理、雇员薪酬、不相关商业收入活动等几个方面。国税局要求高等院校根据2006财年的情况回答问卷所提出的问题。例如，如何在年度信息报告里表明收入和支出，如何计算不相关商业收入所得税，如何投资和使用捐赠基金，以及如何采取可比性数据决定高级管理人员的薪酬政策等。针对捐赠基金提出的问题如下：

（1）捐赠基金是否由其他组织所管理？问卷要求高等院校回答是否拥有由另一个组织代表自己管理或持有的捐赠基金。超过一半以上的院校由另一个代表自己的组织来管理捐赠基金，而且基金规模越大的院校采取这

① 参见 Exempt Organizations: Final Examination Guidelines Regarding Colleges and Universities, IRS College and University Examination Guidelines Announcement 94–112（1994–37 I. R.B. 36（August 1994），见 http://www.federaltaxissues.com/docs/IRS–announce–94–112.pdf.

种做法的比例越大。

（2）投资政策和基金管理人。几乎所有拥有捐赠基金的各种类型的高等院校都制定了捐赠基金投资政策，使用外部的基金管理人是最常用的方式，而基金管理人的类型多样。

（3）投资委员会、内外部管理人与外部投资顾问。该问题涉及投资委员会的职能、构成和相关活动。大多数高等院校回答设有投资委员会来监管捐赠基金资产，而且规模越大的院校使用的投资委员会人数越多；使用个人或雇员主要从事投资委员会工作的情况很少见，大部分院校都选择外部团体管理捐赠基金投资或聘请外部顾问征求投资意见。内部和外部投资经理人的薪酬种类多样且存在较大差异，工资或薪金是最常见的形式，外部投资经理人的其他薪酬（包括管理费用或其他补偿）较之于内部投资经理人更多，而且一般都会经过投资委员会的董事会审查和批准。

（4）捐赠基金价值和目标支出率。问卷要求被调查的高等院校回答2006财年结束时全日制学生人均拥有的捐赠基金资产的公平市场价值，结果显示比往年有所提高。大多数高等院校都制定和达到了其目标支出率，该比率接近5%。

（5）捐赠基金类型。鉴于大学可能拥有复杂类型的捐赠基金，问卷将之分为三种：准捐赠基金、限制性捐赠基金和永久性捐赠基金。准捐赠基金被界定为捐赠基金集合，其投资的本金根据信托人的指定可以被使用；限制性捐赠基金被界定为捐赠基金集合，其投资的本金可以在限定的期限过去后被使用，该期限可以是一段时间、某个事件或者本金增长的基准；永久性捐赠基金被界定为捐赠的财产集合，仅本金的投资回报可以被使用。根据调查数据，永久性捐赠基金所占比例最高，其次是准捐赠基金，再次是限制性捐赠基金，然而平均公平市场价值以限制性捐赠基金为最高。

（6）生活收入基金。该问题是关于高等院校或相关组织是否有特定的生活收入基金——慈善礼物年金、慈善剩余信托以及汇集收益基金等，结果是这三种基金都存在，但汇集收益基金占比最少。

（7）国外投资。大型高等院校经常通过投资组织进行国外投资，这些投资组织有公司、合作伙伴、信托或有限责任公司等。

（8）投资种类及比例，包括另类投资、固定收益投资、股票型基金、房地产、国际基金、现金和其他种类，其中另类投资还分为对冲基金、私募股权投资、风险投资、自然资源和其他等。

（9）捐赠基金分配。问卷要求高等院校提供关于从捐赠基金中分配的详细类别及占总分配的比例和数额，以及被捐赠人或董事会限制的分配比例等信息，种类涉及奖学金、奖励和贷款，公共服务、研究、行政支持、一般教育支持或图书馆、一般大学运营、教授席位和其他。各类大学一般都制定了监管捐赠基金的分配政策和程序以确保它们被用于捐赠人的目的，监管的方法主要是通过每个月或季度或年度报告上报分配的财务审计情况来进行，一般当年未使用的分配数额被用于来年使用或回流到捐赠基金，很少进入到一般的运营预算中。[1]

据该项目总结性报告显示，几乎所有高等院校都对其捐赠基金实施了"合理"的管理，表现在投资方面，99%的高等院校都制定了正式的投资政策，94%设立了投资委员会监管捐赠基金；投资委员会普遍雇用了经挑选的外部投资经理人。对于社会公众关注的焦点问题——分配与支出政策，报告显示，大学捐赠基金普遍考虑了支出规则并将之作为投资政策的

---

[1] 参见 IRS, Exempt Organizations Colleges and Universities Compliance Project Interim Report, May 7, 2010, 见 http://www.irs.gov/pub/irs-tege/cucp_interimrpt_052010.pdf.

一部分，支出率一般为捐赠基金市场价值的三年移动平均数；大学捐赠基金的分配情况被"谨慎地"监管和报告，97%的高等院校上报的目标支出率达到 4%，70%的高等院校上报的目标支出率达到了 5% 甚至更高。捐赠基金最常见的支出是用于资助学生。[①]

① 参见 2008 Internal Revenue Service Colleges and Universities Compliance Questionnaire Analysis, A Report of Governing Boards of Universities and Colleges and National Association of College and University Business Officers, Ernst & Young，December 17, 2009.

第五章　美国大学捐赠基金筹款募捐规则

美国高等院校的捐赠基金规模逐年扩张，除了投资收益保持稳定增长以外，也得益于源源不断的捐赠收入被补充到基金池之中。整个慈善行业的筹款与募捐活动经历了一个向专业化、职业化和组织化发展的过程。伴随着层出不穷的问题，对以慈善为目的的筹款与募捐活动的法律监管渐趋严格，覆盖到联邦、州和地方政府各个层面，适用的对象当然也包括学院和大学。

第一节　筹款与募捐一般性规定

一、筹款立法历程

传统上，慈善组织的筹款活动由最基层的地方政府来管理。第二次世界大战结束以后，人们越来越明显地意识到有必要在州层面对这类活动进行广泛的立法。自 20 世纪 60 年代起，联邦和州开始对以教育、慈善和类似目的发起的资金筹集活动进行立法与监管。20 世纪 60 年代中期，26 个州对此进行了立法，其中 17 个州都要求筹款组织提供年度或特定的财务报告，要求付酬的筹款人或发起者提供独立的报告。21个州要求在筹款可以开展之前必须取得执照或进行注册。地方政府一般还要求"挨家挨户"的筹款人在实施任何筹款行动前进行注册并获得许可。

20世纪80年代末所发生的一系列公共筹款丑闻，引起了联邦和各州立法者的关注，进而推动了针对整个筹款行业及活动的立法进程。1986年，全美州检察长协会（The National Association of Attorneys General）通过了一部示范法（A Model Act Concerning the Solicitation of Funds for Charitable Purposes），在州一级规范职业筹款活动，该法要求免税的慈善组织应详尽地登记和汇报筹款活动细节，且手续相当烦琐。到了90年代初，"针对筹款的法案和法规里正在出现一个新的词——控制，例如'对募捐活动的控制'和'对捐赠和银行账户的控制'。过去几个月在宾夕法尼亚州、马里兰州和威斯康星州通过新的法律，明确了慈善团体董事会原来没有阐明的责任，延续了各州对筹款活动监管的趋势以及非营利团体和职业筹款人员之间的关系"[1]。

截至2003年，已有39个州在积极地就慈善筹款活动进行立法，管理这些项目的责任被分配到不同的州行政长官身上，有16个州将筹款活动报告提交给了州检察长，而有15个州提交给了州务卿（尽管强制执行权仍属于州检察长），还有8个州提交给了被赋予行政职责的消费者保护机构（其中5个州的检察长还保留着普通法上的强制执行权）。2003年，纽约总检察长向众议院筹款委员会提交了一份议案，建议修改立法，对慈善捐款中支付给职业筹款人的任何报酬不再免税，并且要求慈善组织向潜在的捐款者披露这一议案。这项议案旨在通过税法加强限制，以提高宪法原则的效

---

① Bush B. H., "Regulations Seek Greater Control of Fund Raising Practices", *Nonprofit Times*, 1992, pp.6-8.

力。[①] 2010 年，已有 40 个州制定了所谓"全面"的慈善筹款法及相关实施细则，也有少数州没有颁布慈善筹款的法律，其余的州选择用不同的方式如信托法、消费者保护法等调整以慈善为目的的筹款行为。然而，"即便在大幅低估的情况下，各州的慈善筹款法案也是多种多样的。这些法律的内容如此不同，以至于任何有可能巧妙地概括它们的各种术语、要求、限制、例外和禁令的陈述都会产生误导。伴随这些法律而颁布和扩展的许多法规、条令和其他形式所强加的要求甚至存在更大的差异"[②]。

二、联邦法层面

免税的慈善组织必须依法提交关于筹款和捐赠方面详细的报告并履行信息披露义务，包括慈善组织的筹款信息披露、捐赠证据规则、交换条件捐赠、中间制裁、不相关商业收入、年度报告要求、豁免认可申请、游说限制、公共慈善类型、记录保留要求、筹款补偿安排、慈善扣税、对应测试、特殊事件和企业赞助、评估师及罚则、筹款和保险计划等。除税法外，其他还有邮政法、消费者贸易法、反托拉斯法、证券法、联邦贸易委员会电话销售规则、网络传播法、健康保险问责法案等。

（一）慈善捐赠扣除规则

任何开展筹款活动的慈善组织，必须满足以免税为目的的慈善捐赠扣除规则所提出的四项前提：一是慈善捐赠物记录要求，二是慈善捐赠证明

---

① 参见 Marion R. Fremont-Smith, *Governing Nonprofit Organizations: Federal and State Law and Regulation*, The Belknap Press of Harvard University Press, 2004,pp.370–376.

② Bruce R. Hopkins, *The Law of Fundraising*（4th. ed.）, John Wiley & Sons, Inc., 2009,pp.47–48.

要求，三是交换捐赠规则，四是捐赠财产评估规则。

首先，货币形式的捐赠物实际上包括现金、支票、借记卡或信用卡支付的捐款，可兑换现金的礼品卡转让、电子资金转账礼物、网上支付，或通过工资扣除的捐款等。相关保管记录指的是捐赠者持有从受赠人处获取的，作为捐款记录的银行记录或书面信函。银行记录包括来自金融机构的声明、电子资金转账凭证、已兑现支票、从银行网站获取的已兑现支票的双面扫描图像，及信用卡或借记卡对账单。书面信函包括电子邮件通信。该份文件必须在捐赠人提交捐赠发生所在年份的原始所得税申报单日期之前，或提交捐赠人当年原始回报的到期日（包括延期）之前，送至捐赠人处。作为一个政策问题，学院、大学及其关联基金会，或其他慈善受赠人必须决定是否重新提供必要的保管记录以适用于所有的货币类捐赠，而无论捐赠金额是多少。

其次，根据联邦税法，250美元以上的慈善捐款，只有在捐赠者通过由受赠人提供同期的书面确认书后才能证明其捐赠行为，从而获得慈善捐赠的税收扣除；如果捐赠的是商品或服务，那么这一确认书则必须包括对商品或服务价值的诚信估计。明知实情而向捐赠人提供虚假书面证明的慈善组织，可能会因协助和教唆不充分履行税务责任而受到惩罚。慈善信托的捐赠者不需要指定一个特定的慈善组织作为受益人，因此可能没有慈善组织能够为其提供必要的书面确认书，但法律仍要求其提供证实捐助的确存在的文件。数额少于250美元捐赠的证明文件由慈善受赠人提供，其记录要求以及证实要求能够通过一份文件得以满足，条件是该文件必须包含上述证明所需的信息，并由捐赠人及时获得或保留可靠的记录。具体内容包括：受赠人的名称和地址、捐赠日期、对财产细节进行充分的描述，以及捐赠的有价证券发行人的名字、证券的类型以及是否公开交易。书面记录的可靠性是由某一特定情况下所有的事实和情节所决定的，比如财产在捐献日的公平市场价值、用于确定价值的方法，以及如果捐献的是衣物或日常用品，其使用的情况等。

再次，交换捐赠是指在一笔支出中，一部分作为捐款，一部分用于慈善组织提供给捐赠人的商品或服务。慈善组织必须向作出超过75美元交换捐赠的捐赠人提供书面披露声明：（1）所需的书面披露必须通知捐助人，为联邦所得税目的而可扣除的缴款额仅限于任何款项的超额，或任何财产的价值超出，捐赠人作出的捐赠价值要超出该慈善机构提供的商品或服务的价值。（2）披露必须向捐助人提供对捐助人所收到的商品或服务的诚信估价。（3）慈善组织必须提供有关交换捐赠的征集或收受声明。（4）披露必须以书面形式并以可能引起捐赠人注意的适当方式呈现。

最后，慈善捐赠的价值超过5000美元，则需满足一定的评估要求（捐赠的如果是金钱或公开交易的证券则除外），适用这一规定的财产被称为慈善性支出扣除财产，其捐赠人必须拥有与该财产有关的合格评估书，并在包含相应扣除项的纳税申报表后附上一份评估综述（表格8283）。相关法律对何为一份有效的评估及其必须包含的信息条目作了详细规定，比如与捐献的财产相关的特定信息，即对财产的适当描述、对财产（非证券）状况的说明、评估生效日期（即相关价值意见适用的日期）和所捐献的财产在该日的公允市价，而且还要求评估报告必须由具有资格的评估师依据公认的评估标准撰写而成，比如评估标准委员会制定的《专业评估执业统一准则》（USPAP）。

（二）提交筹款计划信息

第一，国税局要求免税的慈善组织必须描述其计划和实际的筹款，总结其计划使用或实际使用情况、选择性邮寄、筹款委员会、专业筹款人等。根据募集工作的进展情况，该组织可以描述一个非常详细的筹款计划，也可以说明它尚未制定任何具体的筹资程序。若该组织已为征求捐款而编写出书面材料，则应附上副本。申请程序必须包含对组织的筹款成本的披露。根据组织存在的时间长短，此信息将反映在申请书中或与申请书一同提交的拟议财务预算中。

第二，慈善组织在年度信息申报中也必须提供与筹款计划有关的特定信息。每年的信息申报表里要求免税组织使用会计职能分析法报告其开支。这种核算方法按职能分配支出，也包括了筹款费用。因此，包含在筹款类别中的不仅有直接筹款成本（如专业筹款人的费用和电话营销费用），还有分配的部分用于筹款的开支（如具有共同目的的邮件）。因此，慈善组织必须保存有关其筹款开支的详细记录。

第三，国税局在稽查免税组织的筹款活动时，通常将重点放在确定该组织是否有告知潜在的捐助者，其为出席活动、购买活动门票，或为获取与筹款活动相关的其他特权或利益而支付的全部金额是完全免税的，而实际上却只有部分（或可能没有）付款可被适当免除；是否有任何用于请求支付的筹款活动，而支付的部分目的是作为馈赠的款项，部分是作为为参加某一活动而支付的购买价款，比如慈善舞会、集市、宴会、表演和运动项目等，以及交换捐赠的招标材料和记录、信息披露和提供的物品或服务是否具有非实质价值等，与筹款有关的任何活动是否产生不相关商业收入等。

（三）限制筹款费用数额

国税局将筹款费用定义为与筹款相关的所有费用，包括分配的间接费用，用于宣传和开展筹款活动；征求遗赠、基金会或其他组织的赠款和政府补助；参加联合筹款活动；准备和分发筹款手册、说明书和其他材料，并进行特别筹款活动，以获得捐赠。组织必须报告它们在特殊筹款项目和活动中的收入与费用，并将每类活动的信息分开。通常，这类活动包括晚宴、舞会、嘉年华、抽奖、拍卖、宾果游戏和商品上门销售等。当然，也有一些特定的筹款项目或活动，比如每年仅进行一次的不相关商业活动、学院或大学书店中的礼品销售、捐赠物品的销售业务、法定的专利使用费、完全由志愿者举办的筹款活动以及无报酬的个人从事的业务等也免于纳税。1980—2003年间，针对州法对筹款费用数额进行限制或要求将募集资金的特定数额用于慈善目的的规定，联邦最高法院通过对三个案例的判决表明了立场。它们分别是：Schaumburg v. Citizens for a Better Environment①，Secretary of State of Maryland v. Munson②，Riley v. National Federation of the Blind of North Carolina, Inc.③。在Schaumburg案中，法院认为对那些没有用在慈善目的上花费所募集资金至少75%以上的"挨家挨户"筹款人适用禁止性规定是违宪的，它违反了宪法第一修正案关于保护言论自由的规定。在Munson案中，州法规定慈善组织花在筹款活动上的费用上限为募集资金的25%，但允许州务卿搁置这一限制，前提是慈善机构能够证明自己在捐款不断增加时可以有效阻止这种情况发生。法院再次认定这一法规侵犯了言论自由保障且存在无法克服的缺陷。在Riley案中，法院否决了北卡罗来纳州筹款规则对职业筹款人的若干规定，包括：（1）如果职业筹款人的佣金超过募集资金的35%，法律就推定其属于不合理收入，超额部分依法被要求返还给慈善组织；（2）要求职业筹款人披露近期他所募集到的资金转移给客户即慈善机构的比例；（3）要求职业筹款人在进行筹款之前获得资质，但没有任何条款规定如果资质申

① 444 U.S. 620（1980）.
② 467 U.S. 947（1984）.
③ 487 U.S. 781（1988）.

请被拒绝将如何采取迅速而有效的行政或司法审查。法院认为，这些要求都违反了宪法第一修正案：第一，它在阻止欺诈方面没有仔细考虑各州的利益；第二，它侵犯了言论自由权；第三，在发生延迟和滥用自由裁量权的情况下未能提供救济措施。这三例最高法院的裁决限制了州监管慈善筹款活动的能力，但是规范非营利和营利性公司所进行的筹款行为却引起了各州的关注。①

（四）提交筹款注册报告

全美州检察长协会提出的示范法要求慈善组织详尽地登记和汇报筹款活动细节，且手续烦琐、复杂多样。例如，要求在州进行筹款的慈善组织必须进行注册和提交财务报告，筹款运动总结或年度报告二选一；要求组织在接受超过一定数额的捐赠时提交审计报告，限额在 10 万至 25 万美元之间；要求职业筹款人和筹资顾问进行注册和提交报告，在某些情况下也包括提交债券文书。由于这部示范法要求提交的文件复杂多样，且在豁免待遇上存在极大差异，使得慈善组织要想在大多数州开展筹款活动需要承受巨大的负担。为了回应这个问题，全美各州慈善执行官协会（National Association of State Charity Officials）和全美州检察长协会共同制定了《统一登记声明》（Unified Registration Statement, URS）作为标准化报告项目的一部分，这一方面是联邦政府意图扩大国税局的执法权，另一方面也是为了解决各州在制定互联网筹款政策时所遇到的瓶颈，并有利于整合所有州对在其管辖区域内从事慈善募捐活动的非营利组织的注册信息和数据需求，使慈善组织在履行各州慈善募捐法的报告要求时更加规范、简化和节俭。

---

① 参见 Marion R. Fremont-Smith, *Governing Nonprofit Organizations: Federal and State Law and Regulation*, The Belknap Press of Harvard University Press, 2004,pp.370–375.

截至 2010 年，已有 37 个州对慈善募捐组织提出了注册要求并接受了该声明，还有科罗拉多、俄克拉荷马、佛罗里达三个州规定了注册要求但还没有接受该声明。另外，有 12 个州正参与到由国家慈善数据中心、全美州检察长协会和全美州慈善执行官协会协调开展的鼓励电子申报项目之中。

（五）筹款欺诈构成要件

Riley 案后，州法能否要求获得在筹款活动看来所需的任何形式的信息披露仍然是一个悬而未决的问题。马里兰州、纽约州和宾夕法尼亚州为努力避免违宪的不确定性，要求所有筹款材料（包括影响慈善组织财务信息的陈述甚至地址）都可供索阅，可以从慈善组织，或从州监管机构进行检索，但这些要求经常难以遵守。在 Madigan v. Telemarketing Associates, Inc.[1] 案件中，伊利诺伊州法院认为被告作为专业的营利筹款公司，在进行电话募捐时代表慈善机构表示资金将用于慈善目的，但由于被告实际所收取的费用"超额和慈善资产不合理地被滥用"，被告没有告知捐赠人仅有 15% 的募集资金将捐献给慈善机构，募捐被认为是"故意欺诈和严重失实"。联邦最高法院最终撤销了伊利诺伊州最高法院的判决，指出个别案件中的欺诈行为与法律明令禁止筹款费用过高之间存在显著的差异，后者如果不是建立在欺诈行为之上，就不足以支持潜在的受赠人就自愿支付给筹款人的费用进行欺诈索赔，依据判例法和宪法第一修正案，除非筹款人作出了意在欺骗捐赠人其捐款将被如何使用的虚假或误导性陈述。Madigan 案的判决重燃了捐赠人对涉及欺诈的案件进行追诉的兴趣，规范欺诈筹款的政策通常更多地被用在消费者保护方面，这也是全美各州检察长办公室所普遍关注的领域。

---

[1] Illinnis ex reI. Madigan v. Associates, Inc., 123 S Ct. 1829（2003）.

三、州法层面

　　慈善募捐活动因被公认为言论自由的权利而受到联邦宪法的保护，各州有权在自己辖区内规范和保护慈善募捐行为，有权要求募捐的个人和组织登记并定期报告，或在具备合理理由的情况下，授权监管机关对慈善募捐活动进行调查，并对侵权行为执行补救、罚款和监禁等指令，当然这些权力的行使必须遵循宪法所规定的言论自由、正当程序、平等保护以及成文法的限制，不得以任意方式滥用。迄今为止，已有 40 多个州制定了慈善募捐法（Charitable Solicitation Acts），以便对在其管辖区域内从事募捐活动的慈善或其他非营利组织进行法律监管。各州制定慈善募捐法案是为了保护公众免受以欺诈或以其他与其目的相违背的慈善机构的名义筹款。例如，《加利福尼亚慈善募捐法》的序言部分规定："在为实现慈善目的而进行的募捐和推广中，不得存在欺诈、欺骗和强加给州人民的情况"；科罗拉多州的立法机关指出，"欺诈性的慈善募捐是这个州普遍存在的做法，每年导致捐献者和合法慈善机构蒙受数百万美元的损失"，其序言部分补充说："合法的慈善机构受到这种欺诈的损害，因为可供捐款的资金不断被欺诈性的慈善机构侵吞，而且捐助者的善意和信心不断受到不法律师的破坏。"正如法院所总结的，各州的慈善募捐法案通过"消除非法慈善机构"来增强"捐助者的信心"，但也有人担忧它们在纠正和预防募捐违法行为方面可能收效甚微。

　　然而，各州的立法除了错综复杂外，相当大的程度上也缺乏一致性，使得试图建立统一的立法体系变得尤为困难，这不仅表现为法律文本名称各异，更大的问题是执法的范围和强度差异极大。卡斯特（Kenneth L. Karst）曾撰文建议设立独立的州监管机构，由其负责监管慈善活动以迎合各州对慈善组织多样化的管理模式。他所列举的该机构职责为各州实际操作提供了可能的目录。包括：（1）代替州检察长的监管职位：负责在该州运营的所有慈善组织的登记注册、收集和评估被要求注册登记的慈善组织提供的年度报告（除非有例外）、对可能违反信托责任的行为进行调查、向相应的法庭请求对滥用信托责任采取补救措施；（2）建议和咨询慈善组织管理者：未来运营计划和项目选择、组织管理和投资资金；（3）负责落实对运营不当或与规模不符的慈善机构的新计划；（4）负责该州管辖内的资金募集管理，协调或者取代市政的管理；（5）与州和联邦的税务官员合作，向他们报告需要撤销免税的滥用情况。^①然而，在各州设立独立的监管机构似乎并没有显著的公共利益。事实上，自从 1960 年卡斯特的建议提出后，仅有三个州采纳了加强州强制执行权的立法建议，而其中两个州后来被废止，仅剩的一个州也被大大缩略。各州对加强信托责任的监管缺乏兴趣，这与对慈善资金筹款法律监管项目的日益增多形成了鲜明对比。

各州与慈善募捐有关的法律在内容上大致包括：一系列法律术语的定义，比如慈善组织与慈善目的、募捐、捐赠、职业筹款人、职业募捐人、商业合作企业等；职业筹款人的注册和报告要求；与慈善促销行为、记录保存和公众信息相关的一系列要求；要求慈善组织和职业筹款人、募捐者在从事筹款募捐活动之前到所在州进行注册，并提交具有明确内容的报告，其他需提交的资料还包括信息披露、筹资成本限制、可得性记录、禁止性行为和募捐公告要求等。

---

① 参见 Kenneth L. Karst, "The Efficiency of the Charitable Dollar: An Unfulfilled State Responsibility", *Harvard Law Review*, Vol.73（1960），pp.433–483.

（一）募捐与劝募

各州法案通常以一系列定义开篇，关键术语有"慈善组织""专业筹款人""专业募捐者"和"慈善销售活动"等，大多都含有"慈善""募捐"的字眼，较宽泛的定义几乎涵盖了每一种可能的筹款类型。值得注意的是，"募捐"（Solicitation）一词的使用显然要早于筹款（Fundraising），但后者随着慈善募捐的专业化、职业化以及全面筹款运动的蔓延得到了更广泛的传播。募捐，指的是"任何为了慈善目的或者有利于慈善组织的，直接或间接地请求金钱、信用、财产、经济援助或其他任何类型与价值的行为"①。募捐可以以任何方式进行，包括口头和书面两种形式，可以通过面对面的请求、邮件、传真、广告、其他出版物、电视、广播、电话或其他媒介，也可以利用互联网进行（如何规制"互联网募捐"行为的相关立法正成为联邦和各州慈善募捐法眼下所关注的焦点）。法律并不要求募捐一定是成功的，也就是说实际上是否达成捐赠目的并不重要，判断的关键是该活动是否具有募捐的性质。

募捐，有的也称"劝募"，包括以下五项法定的构成要件：（1）劝募的主体须为慈善组织（尽管各州对慈善组织界定的范围和种类不完全相同，但总体要比联邦税法的规定狭窄得多，而其他组织比如教会、宗教组织、教育机构、图书馆与博物馆、政治组织等也可以在不受州法监管的情况下进行劝募，比如有的州就将学院和大学排除在慈善募捐法所规定的注册或年度报告义务之外）；（2）劝募须以慈善为目的（各州对"慈善"的定义不一，但往往比联邦税法更加宽泛，有的州甚至还将为慈善组织参与政治或立法活动进行的募捐纳入其中，为特定个人进行的募捐通常不属于法律监管的范围）；（3）募集的标的物为财物，包括动

---

① Bruce R. Hopkins, *The Law of Fundraising*, John Wiley & Sons, Inc., 2008, p.8.

产、不动产、知识产权、现金等；（4）劝募的对象很多，包括个人、法人、非法人社团、其他慈善组织等；（5）劝募的方式有很多种，包括向对象发邮件、举办劝募酒会、街头募捐、义卖、义演等。[①]值得注意的两点是：第一，募捐是否包括从私人基金会和其他非营利组织尤其是政府部门及其代理机构寻求资助。有十几个州的法律明确将请求政府拨款排除在了募捐之外，但也有州法囊括了从私人基金会和其他非营利组织或政府部门及其代理机构寻求资助的行为。第二，捐赠是指捐赠人支付给慈善组织但不接收任何物质价值回报的行为，捐赠的形式包括捐款、遗赠或任何具有价值的财产，甚至包含对募捐所作出的承诺。比如南卡罗来纳州的《慈善募捐法》就规定："捐款包括任何价格和形式的承诺、赠予、抵押、贷款或者援助。"服务、会员费、借款、交换捐赠等通常不属于捐赠，但也有例外的规定。

（二）专业筹款人

许多州的立法采用了不同的术语来指称为慈善组织提供筹款咨询与服务的专业人士或组织，常见的有专业筹款人（Professional Fundraisers）、专业募捐者（Professional Solicitors）、专业筹款顾问（Professional Fundraising Counsel）、商业筹款公司（Commercial Fundraising Company）等。这些术语极易产生混淆，但它们在法律上有各自特殊的含义。造成这种情况的原因，除了各州法的习惯性措辞不一致外，还在于实践中这些角色和身份之间的界限日渐模糊。区别不同类型主体的法律意义在于，州法对他们的行为及法律责任有着不同的规定，主要体现在注册登记和信息披露等

---

① 参见褚蓥：《美国公共慈善组织法律规则》，知识产权出版社 2015 年版，第153—159 页。

方面。

　　严格地讲，专业筹款人的法律定义是：任何通过签订书面协议，收取固定的费用，代表慈善组织或为其利益直接或间接地进行与募捐和捐赠相关的计划、行为、管理、执行、建议或者充当顾问的人。专业筹款人的作用是为慈善组织的募捐活动提供策划、组织、建议、咨询或准备材料等服务，并不直接参与实际的募捐活动，所以一般不直接接触潜在的捐赠人或者接受和处理任何与捐赠款项有关的业务。慈善组织的雇员、志愿者、律师、投资顾问通常被排除在外，即使是在他们建议委托人或客户向慈善组织捐赠的时候。专业筹款人往往是营利性公司，它们可以同时为多个客户工作，提供诸如下列服务：设计筹款运动，制作募捐物资，雇佣、监督和补偿那些直接劝募、打电话或通过其他方式劝募的个人，汇集保护和筛选收件人名单的邮件，接收和处理承诺或其他回应，分析和评估结果等等。如今，专业筹款人的职能也出现了分化，一部分人仍然担任原来咨询者的角色，而另一部分人则开始直接从事劝募活动了。

　　专业募捐者是指任何被慈善组织以慈善为目的的募捐而雇用或给予补偿的人，少数州也称其为付酬的募捐者（Paid Solicitors）。专业募捐者为获取报酬而负责向劝募对象说明其捐赠的现金、财产、经济援助或者其他财物额全部或部分将会被用于慈善组织或者其他慈善目的。专业募捐者与专业筹款人最根本的区别在于，前者是到第一线去从事劝募活动，而后者从事的是幕后的组织、咨询与策划工作。① 专业募捐者的活动范围通常在一州管辖范围内，包括三种类型：第一种是代表慈善组织募捐的个人或公司及其雇员或代理；第二种是在为慈善组织募捐的人的指导下，通过代理或雇员进行募捐的个人或公司；第三种是为慈善组织提供与募捐相关的

---

　　① 参见褚蓥：《美国公共慈善组织法律规则》，知识产权出版社2015年版，第166页。

计划、行动、管理、执行、建议或作为顾问，但不属于专业筹款人的任何个人或公司。一般来讲，专业募捐者直接从事募捐行为的方式包括挨家挨户拉票、在公共场所安置和收集捐赠物品、通过电话劝募等。慈善组织的劝募经理是直接负责劝募活动的人，组织的劝募计划一般是由其负责制定的，日常的劝募活动也由其负责管理，劝募对象也经常由其最终把关。另外，招募与培训志愿者和劝募人员、批准开支、制作完成劝募活动总结等事项，也属于其职责范围。

商业合作人（Commercial Co-venturer）指的是以营利为目的经常地直接参与慈善组织的商业活动，以及为使他人购买或者使用其提供的服务、商品、娱乐或其他事物而进行宣传的人，但是单纯为慈善组织劝募资金的人除外。[①] 比如，有的企业通常会向公众表明，在某一特定时期内出售商品或服务所得的部分价款将捐给慈善机构，这就符合"慈善促销"的法律定义，即"广告或销售活动，由商业合营者举办，它表示购买或使用由该合营者提供的商品或服务将使慈善组织整体或部分受益，或服务其宗旨"[②]。当零售商或其他商家通过许诺其销售的产品或服务将用于慈善目的来进行促销时，那它们就属于参与慈善促销活动的商业实体。在一些辖区内，商业合作需要注意与此类促销活动有关的特殊规定或慈善募捐实例中的一些规则。

专业律师在劝募活动中的重要作用是保证劝募活动的合法性，他们承担着督促劝募组织及时注册与提交年报、协助制作注册申请与年报、审查所有协议与劝募文件、提供法律咨询等责任。会计是确保慈善组织劝募活动财务合法、公开的重要角色，承担着制作财务报告、进行财务控制等职

---

① 参见褚蓥：《美国公共慈善组织法律规则》，知识产权出版社2015年版，第167页。
② 参见褚蓥：《美国公共慈善组织法律规则》，知识产权出版社2015年版，第167页。

责。同时，鉴于慈善组织的劝募所得款账目都是需要公布的，所以，有相应资质的会计应是慈善组织的必备人员。[1]

（三）主要法律规定

1. 慈善组织的注册与报告要求

除了佛蒙特州、印第安纳州、爱荷华州等 10 个州以外，其他州都要求慈善组织第一次在该州募集资金之前需要进行注册，只有通过首次注册才能获得该州的劝募资格。这样做的目的是筛掉不符合募捐资格的慈善组织。例如，宾夕法尼亚州要求任何组织在该州进行募集资金前到该州慈善组织管理局进行注册，但以下符合法律特定标准的组织可以豁免注册：（1）宗教组织、执法人员、消防员和其他保护公共安全的组织；（2）教育机构、医院、退伍军人组织、志愿者消防员组织、救护协会、救援协会、非营利性公共图书馆、老人中心、养老院和家长教师协会；（3）每年收到捐赠少于 2.5 万美元且不补偿任何进行募捐的人的组织。[2] 为此，慈善组织必须缴付注册登记费，州政府监管机构通过这一过程收集慈善组织及其募捐活动的广泛信息，并制定必要的登记表格。首次注册时需要提交的文件一般包括：（1）990 表、990-EZ 表或 990-PF 表；（2）慈善机构的设立文件，即设立章程、内部章程等；（3）注册表格；（4）其他。上述文件一般都要求由慈善机构的主要负责人和财务总监联署。注册需要缴纳注册费，各州规定的标准并不相同，也有一些州是依据每年募得的善款数额来征收注册费的，也有的州不收注册费。[3]

---

① 参见褚蓥:《美国公共慈善组织法律规则》，知识产权出版社 2015 年版，第 167 页。

② 参见 Pennsylvania's Solicitation of Funds for Charitable Purposes Act, 10 P.S. § 162.1.

③ 参见褚蓥:《美国公共慈善组织法律规则》，知识产权出版社 2015 年版，第 172—175 页。

很多州都规定慈善组织在该州募集资金达到法定标准后，需要在每一会计年度到期后向管理当局提交材料以供其审查（也有州没有规定具体的资金数额），即年度注册。如果有慈善组织违反了州法的规定，则不能在该州进行下一年的劝募活动，这是州法对当年开展募捐活动的慈善组织的有效监管。关于年度注册需要提交的材料，各州的要求也不太一致。例如，宾夕法尼亚州法要求慈善组织提交的年度报告应包括确认所在地、领导层和该组织得益于募捐的其他细节等信息，经常要求附上作为联邦信息反馈的 IRS990 表格，也要求附上外部审计报告或其他资料。如果慈善组织年度捐赠总额超过 2.5 万美元，则必须上报经审阅的财务报表；如果年度捐赠总额超过 10 万美元，必须上报经审计的财务报表。这些经审计和审阅的财务报表必须附有一份由获得许可的独立会计师或注册会计师起草的报告。[①] 有的州要求慈善组织在年度注册时提交一笔注册费，但标准不一。

《统一登记声明》（URS），作为标准化报告项目的一部分，目的在于整合所有州对在其管辖区域内从事慈善募捐活动的非营利组织的注册信息和数据需求，使慈善组织在履行各州慈善募捐法的注册和报告要求时更加规范、简化和节俭。但是，"并不包括财务报告的披露。URS 表格可以在各个接受 URS 的州之间通行，但是如果州政府要求其他的信息或文件，则申请人还是要根据州的规定提交额外的文件。在签字方式、是否需要联署等问题上，也需要根据州的规定来完成。而且，申请人提交申请文件的对象不是全美各州慈善执行官协会（NASCO）或者其他机构，而是州政府制定的机关"[②]。

---

① 参见 Pennsylvania's Solicitation of Funds for Charitable Purposes Act, 10 P.S. §162.5.
② 参见褚蓥：《美国公共慈善组织法律规则》，知识产权出版社 2015 年版，第 176 页。

2. 注册要求与保证金制度

专业筹款人应在其所代理的慈善组织进行募捐活动的州进行注册备案，且必须在募捐行动之前完成。注册通常具有一年有效期，如超过注册设定的某一指定日期，可以更新。在许多辖区内，专业筹款人也被要求缴纳一定数额的履约保证金，比如2.5万美元、2万美元、1.5万美元、1万美元、5千美元或2.5千美元。如果专业筹款人在进行慈善募捐活动中有任何的渎职、不作为或不当行为，保证金可用于弥补该行为所造成的任何损失。法律除了要求专业筹款人提交年度报告外，还要求他们在法定期限内（通常为三年）保留准确的账簿和记录。职业募捐者也有登记注册、遵守章程、提交年度报告、披露相关信息等法定义务，年度报告通常要求综合以下财务信息，包括从该州居民募捐到的款项、筹款人支出和费用，以及客户清单和其他组织上的细节等；缴纳保证金的数额分别为5万美元、2.5万美元、2万美元、1.5万美元、1万美元或5千美元。二者主要的区别是注册要求的内容不同及保证金标准有所差异。

以宾夕法尼亚州为例，专业募捐者必须在为慈善组织筹款前在该州注册，而筹款顾问（即专业筹款人）必须在提供与募捐有关的服务前在该州注册。二者都必须提交年度注册报告，在开展募捐运动、事件或提供服务至少十天前将与慈善组织签订的合同复印件备案。募捐者的注册声明必须包含以下信息：（1）募捐者主营业务的地址或任何在宾夕法尼亚州的地址；（2）募捐的业务形式；（3）负责人包括所有高级职员、董事和所有者的姓名和居住地址；（4）任何所有者、董事、高级职员或雇员是否由于血缘、婚姻或收养以及合同而与任何其他的董事、高级职员、所有者或雇员有关系，或者基于合同与提供给慈善组织商品或服务的任何供应商或卖方有关联；（5）所有负责募捐活动的人的名字。[①]

募捐者与慈善组织订立的合同必须是书面的，并包含以下内容：（1）慈善组织在州管理局注册的法律名称和地址；（2）将要开展的募捐运动的慈善目的陈述；（3）募捐者和慈善组织各自义务的声明；（4）捐赠所得收入移交给或由慈善组织保留的最低比例的保证声明；（5）将补偿给募捐者的收入比例声明；（6）合同生效和终止的日期，以及募捐活动在宾夕法尼亚州开始的日期。[②]

募捐者必须在开始募捐前十个工作日提交书面的募捐公告，同时还须交纳 2.5 万美元，该公告包含以下内容：（1）募捐事件或运动的描述；（2）募捐将要进行的每一个地点和电话号码；（3）负责执行和监督募捐活动以及实施募捐行为的每个人的名字和居住地址；（4）募捐者是否随时保管或控制捐赠的陈述；（5）存放募捐所得的每一个银行账户号码和位置；（6）一份关于将要开展的慈善募捐运动全面而公正的描述；（7）募捐运动或事件将要开始或举行及终止的日期。[③]最后，募捐者必须交纳 2.5 万美元的保证金，并在每一项募捐运动结束后的 90 天内提交报告，超过一年的募捐运动可提交年度报告。[④]这些报告必须详细说明募捐运动收到了多少公众捐赠，扣除募捐者和所有相关费用后实际捐赠给慈善组织的总额是多少。[⑤]

筹款顾问的声明必须包括以下信息：（1）顾问主营业务的地址和任何在宾夕法尼亚州的地址；（2）顾问业务的形式；（3）顾问的主要负责

① 参见 Pennsylvania's Solicitation of Funds For Charitable Purposes Act, 10 P.S. § 162.9（a）.
② 参见 Pennsylvania's Solicitation of Funds For Charitable Purposes Act, 10 P.S. § 162.9（f）.
③ 参见 Pennsylvania's Solicitation of Funds For Charitable Purposes Act, 10 P.S. § 162.9（e）.
④ 参见 Pennsylvania's Solicitation of Funds For Charitable Purposes Act, 10 P.S. § 162.9（c）.
⑤ 参见 Pennsylvania's Solicitation of Funds For Charitable Purposes Act, 10 P.S. § 162.9（I）.

人，包括所有高级职员、董事和所有者的名字和居住地址；（4）任何顾问的所有者、董事、高级职员或雇员是否由于血缘、婚姻或收养而与任何其他的董事、高级职员、所有者或雇员有关系，或因合同而与慈善组织的职员、董事、受托人或雇员有关联；或者基于合同与任何为慈善组织提供商品或服务的供应商或卖方有关系。（5）负责募捐活动的任何人的名字。[①]

筹款顾问与慈善组织订立的合同必须是书面形式的，并包含以下基本内容：（1）在管理局注册的慈善组织的法律名称和地址；（2）关于募捐运动开展的慈善目的陈述；（3）顾问和慈善组织各自的义务声明；（4）将支付给顾问的费用的清楚陈述；（5）合同生效和终止的日期，以及在宾夕法尼亚州进行的与募捐活动相关的服务日期；（6）顾问在任何时候都不保管或控制捐赠的声明；（7）慈善组织行使控制权和批准任何募捐的内容和数量的声明。[②]

3.信息披露义务

各州的慈善募捐法包含大量的信息披露要求，并且其要求有日渐增多和严格的趋势。例如，"主动披露的信息包括：申请信息、年度报告、与劝募顾问及劝募人的协议、其他信息。公开的方式是将信息提交州机关，由其按法定程序公开"[③]。而且，慈善组织提交给监管机构的注册和报告材料被视为公开文件，可以应公众的要求提供索阅。比如，"披露声明是慈善组织在公开劝募时提交的保证自身会依照规定披露与劝募相关信息的声明……应在劝募过程中及接受善款时公开展示"[④]。以募捐公

---

① 参见 Pennsylvania's Solicitation of Funds For Charitable Purposes Act, 10 P.S. § 162.8（a）.
② 参见 Pennsylvania's Solicitation of Funds For Charitable Purposes Act, 10 P.S. § 162.8（d）.
③ 褚蓥:《美国公共慈善组织法律规则》，知识产权出版社 2015 年版，第 177 页。
④ 褚蓥:《美国公共慈善组织法律规则》，知识产权出版社 2015 年版，第 177 页。

告的备案制度为例，该公告必须经过宣誓，且包括以下描述：募捐事件或运动、募捐所进行的地点和电话号码，以及在募捐过程中所有雇员、代理人或其他人的名字和居住地址，接受到的募捐存放的银行账户号码和地址。募捐运动文本副本（包括口头方式提出）必须附在募捐公告之后。募捐者所代表的慈善组织必须证明募捐公告及其附属材料是真实而完整的。有的州还要求募捐公告提供额外的信息，例如募捐者是否在任何时间内保管募捐所得、一份关于所进行的慈善运动全面而公正的描述、所使用的筹款方法、募捐发生和终止的日期、过去六年内关于专业筹款人从事募捐活动的任何调查和诉讼信息。有的州还要求提供慈善组织和专业筹款人之间的合同作为募捐公告的附件，或者要求专业筹款人在筹款结束后提供涉及该慈善组织的相关账目。

另外，有些州的监管机构在网上公布已注册的慈善组织和专业筹款人清单，或通过编制年度报告或多或少地突出花费在筹款活动或被专业筹款人所保留的募集资金比例。有的州的监管机构还提供电话接入，有时是一个免费电话号码，允许公众成员发现某个特定组织是否已经注册和提交了所要求的报告，并将注册文件中的总结性信息汇总给来电者。

目前较普遍的做法是要求公开慈善组织与其专业筹款人或专业律师之间的合同内容（通常情况下，该合同必须得到慈善组织理事会的批准），甚至要求专业筹款人或专业律师必须披露通过募捐所得到的报酬。比如有的州法要求慈善组织与专业律师之间的合同必须包含足够的信息，以使监管部门能够确定专业律师所提供的服务和补偿的方式；有的州法要求明确说明当事各方各自的义务等，比如载明提供服务所涉及的人数、时间，以及有关服务的补偿方法和计算公式等。

4."违禁行为"清单

几乎所有州的慈善募捐法都列举了许多禁止性行为，称之为"违禁行为"清单。目的是让慈善组织和那些在募捐过程中帮助它们的人熟悉并回顾每一类适用的禁律。这些规则除了适用于前述几种主要的募捐主体外，也适用于向州的居民募集资金的其他任何人，甚至包括被排除在注册或报告要求之外的个人或组织。

概括来讲，各州规定的个人的违禁行为主要包括以下几种：（1）任何人未经慈善组织的任一高级职员、董事或受托人同意，不得以其名义从事慈善募捐。这一禁令通常适用于在信笺上或在广告或小册子中使用任何个人的名字，即使他是捐赠、赞助或认可过慈善组织的人。（2）任何人不得为了慈善募捐的目的，而使用另一慈善组织或政府机构所使用的名称、符号或陈述，或与之高度相似的可能引起混淆或误导公众的名称、符号或陈述。（3）任何人不得利用或滥用在州注册的事实，来引导公众相信以任何方式注册都构成该州的认可或批准。（4）任何人不得以任何方式、手段、做法或设置，来欺骗或误导任何人相信其所代表的正在进行募捐活动的组织，其募捐所得的收益将用于慈善目的，而情况并非如此。（5）任何人不得表示募捐行为是为了或代表慈善组织，或者未经慈善组织的适当授权而以其他方式诱导公众作出捐赠。

有的州还规定，禁止慈善组织将从募捐中获得的总收入的实际或预估百分比定得大于最初向捐赠者确定的数额；有的州规定，如果个人被判犯有以虚假名义获得钱财或财产的罪行，则为该个人请求慈善捐赠也是被禁止的，除非公众在参加募捐之前就被告知该人有罪。针对慈善组织的违禁行为规定（在某些情况下，也针对代表其行事的人）主要有：（1）歪曲募捐的目的；（2）歪曲慈善组织的目的或性质；（3）从事与慈善组织的免税目的无关的金融交易；（4）损害或干扰慈善组织完成其免税目的的能力；（5）将"不合理的资金"用于筹款或管理。

有些州还制定了违反"不公平或欺骗性行为和做法"的单项法律，也构成了慈善募捐违禁行为的补充性规定。

5. 筹款成本限制

在慈善筹款领域最具争议的问题之一就是筹款成本。各州立法深受1986年全美州检察长协会示范法的影响，也或多或少受到了联邦最高法院所谓的"莱利三部曲"（Riley Trilogy）所确立的原则的影响，即禁止在募捐开支的比例上设定任何固定限制，以及对募捐成本的限制性规定等。[①] 基本一致的看法是筹款成本应当是"合理的"，但具体就如何确定其"合理性"存在诸多不一致甚至误解。许多州曾努力防止慈善组织在其辖区内用"高昂的""不合理的"或"过度的"的筹款成本去募集捐赠，传统的做法是如果一个慈善组织筹款成本超过收到捐赠总额或收入的一定比例，就拒绝它在该州申请募捐的许可。这一比例上限有两种形式：（1）绝对限制，例如一个无须证明合理性的特定百分比；（2）一个可辩解的限制，即可以通过证明筹资支出比例实际上是合理的来越过法定的百分比。但是，由于慈善组织募捐的言论自由权利受到宪法的保护，所以目前很多州都已经废止了此类规定，比如禁止实际接受到募集捐赠少于90%的慈善组织、职业筹款人或职业募捐者在州注册，筹资成本超过总捐赠所得30%的被推定为不合理，禁止职业募捐者的薪酬超过总捐赠收入的25%或15%等。目前，许多州都要求慈善组织与专业筹款人或职业募捐者就合同约定的补偿比例作出声明，比如设定从捐赠总收入中移交给慈善组织的最低百分比和募捐者将从募捐总收入中得到的补偿比例。有的州设置信息披露义务，要求募捐者披露慈善组织将得到的资金比例，或应潜在的捐赠人的需求而披露，或要求在该州注册的慈善

---

① 参见 Putnam Barber, "Regulation of Charitable Solicitations in the United States of America", July 2010, 见 http://www.eskimo.com/~pbarber/tess/docs/istr_draft.pdf.

组织披露筹款成本的比例，或在募捐说明书中包含慈善组织直接从该州募捐所得的财务和其他信息。

6. 可得性记录保留

各州均要求以下信息必须备案，包括申请注册，年度报告，涉及慈善组织、专业筹款人、职业募捐者和商业合作企业之间的合同与其他文件等，尤其是募捐活动中记录的捐款人名录和财务支出信息等。上述记录属于从事募捐的慈善组织及其代理人，并由其保存，但在法律上属于公共记录，应在规定的时间和条件下对公众开放以供其查阅，通常情况下是在募捐活动结束后的三年内。各州负责相关事务的官员在任何合理的时间里都有权要求公开查阅这些记录，且记录必须是真实而完整的，以确保遵守州法关于信息披露和可得性记录的规定。违反该规定的专业人员将受到惩罚，经监管机构催告仍未改正且缴纳罚款的，情节严重者将会被取消执业资格或收到法院禁止令，禁止其在本州区域内再开展任何的慈善募捐活动。

除了上述法律规定外，各州还详细规定了慈善募捐的监管机构及职责，其所负责的具体审查事项包括合同审查、注册审查和信息披露等，对违反禁令的行为实施处罚或展开起诉调查，以及签订州际之间互惠政策协议、涉外管理等。但是，各州专门监管慈善募捐行为的机构名称不一，比如明尼苏达州设立的非营利组织局（Bureau of Charitable Organization），南卡罗来纳州规定在州务卿下设立一个专门管理慈善组织的部门，由州务卿直接负责，该部门的行政首长由州务卿任命，等等。

值得注意的是，各州慈善募捐法还规定了有些慈善组织可以豁免适用上述规定，比如教会、医院、退伍军人组织、警察和消防员组织等，学院和大学及其关联基金会（有的甚至包括校友会等）也是最普遍的豁免对象。有的州对特定类型的教育机构免除了遵守该州慈善募捐法的全部责任，但更常见的做法是仅免除其注册和报告的法定要求，理由是这些机构一般在特定范围内（比如学生、校友、教员和受托人及其家庭成员）募集款项，而且它们在筹款过程中或资金使用时的滥用情况很少，在已经向州或联邦充分报告的情形下再重复报告会给监管机构造成不必要的负担。当然，每所学院和大学都有责任搞清楚其募捐所在州的法律，以确定自己及其附属实体是否享有某些豁免权。

第二节　高等院校筹款行为准则

美国大学开展筹款活动的历史悠久，最早可以追溯至马萨诸塞湾殖民地时期，当时的殖民地雇用代理人为新学院筹集资金，筹款活动带有极大的宗教热诚，这些大学通常会按一定比例将筹款总数的一部分支付给代理人作为佣金。第一次世界大战结束以后，高等教育筹款运动渐成系统，出现了职业筹款人和商业筹款及咨询公司，到了 20 世纪 50 年代，各类专业组织包括行业协会应运而生，为筹款人及其筹款活动提供了培训、信息来源和职业道德标准，大学也开始建立自己的筹款机构并招募专业人员，从而推动了全面筹款运动及大学捐赠基金的迅速扩张。20 世纪 80 年代末 90 年代初，公共慈善组织的一系列丑闻曝光，美国著名的研究型大学，斯坦福大学和麻省理工大学在政府赠款申报的会计方法也被爆出存在问题，加上筹款行业滋生蔓延的违法和不道德行为，引发了社会公众和政府监管机构对大学筹款资金去向、开支方式以及馈赠的计算提出质疑，使得联邦和各州加强对大学筹款行为的法律监管成为必然。这一时期的立法对高校筹款和汇报程序产生了深远影响，也促使教育促进与支持委员会（Council for Advancement and Support of Education, CASE, 1996）开始介入高等教育筹款活动并为之制定标准，早期主要针对的是年度捐赠和筹款开支问题。在 1986 年全美州检察长协会提出了示范法后，教育促进与支持委员会试图游说协会按照长期以来的做法，免除对高校的注册要求，但是各州对此做法并不一致，一些州设置了慈善组织豁免申报的最低门槛，如新墨西哥州规定仅有教育机构和为特定事项如医疗或救灾筹款的机构可以豁免注册和提供报告；马萨诸塞州和俄亥俄州在通过该法时就没有给予高校豁免待遇；康涅狄格州和俄勒冈州在其监管筹款活动的法律中却向高校提供了豁免待遇。教育促进与支持委员会和高等教育界的其他组织继续进行游说，希望为其成员争取豁免，而其他免税组织则开始批评高等教育界寻求特殊待遇。①整体而言，高等院校的筹款与募捐行为所适用的法律规则与其他类型的免税慈善组织并无二致，有的甚至更为严苛。

以 1994 年国税局制定的《学院和大学审查指南》为例，该指南的目的在于为税务稽查机关建立起一个审查框架和标准，专门针对高等教育机构的会计方法、财务信息、薪酬安排、附加福利、合资企业、奖学金和助学金以及不相关业务收入税等问题，其中也涉及"为高等院校募款和学校自身作出的筹款努力"。指南要求"许多高等院校要求大额捐赠，特别是附条件或指定用途的捐赠，必须正式由董事会接受"。它建议税收稽查机关应该检查这些董事会会议记录以及所谓筹款委员会的会议记录（包括预算、财务、发展或进步），以找出任何带有"可疑"条款的附条件捐赠。

---

① 参见［美］弗兰克·H.奥利弗：《象牙塔里的乞丐——美国高等教育筹款史》，许东黎、陈峰译校，广西师范大学出版社 2011 年版，第 142—150 页。

例如，一项附有使用指定的建筑师或特定的建筑公司条件的校园建筑捐赠。指南指出，如果捐赠人和该条件的受益人（在上例中即建筑师或建筑商）存在"不到一臂臂长的关系"的话，这类条件就意味着一项"私人利益"，从而危及慈善捐赠的免税待遇。[①]

国税局及其稽查机构一般要审查高等院校的筹款项目，从而决定捐赠人是否获得了足以影响其捐赠减免税待遇的利益。除了审查负责募捐和捐赠账目的高级雇员、获取其活动和职能的描述外，还应当审查与捐赠相关的内部报告，尤其强调捐赠人清单、受限制的捐赠和实物捐赠，以及审查协议和书信以确定捐赠是否受到限制、被指定用途或附有提供给捐赠人好处的条件等。

国税局指示稽查机关审查捐赠的财产如何被处理，即财产如何被估价，高等院校是否保证自己的估价以及价值签发在提供给捐赠人的收据上。稽查机关必须判断高等院校是否存在任何对财产的估价少于捐赠人所声称的价值的行为。

国税局还要求稽查机关检查高等院校是否完成了国税局所要求的5千美元以上捐赠财产必须填报的表格部分，该表格的内容涉及高等院校是否有与捐赠的财产相关的任何收益，包括销售、置换、转移、消费或其他自收到之日起两年内的处理情况。另外，稽查机关还应检查高等院校是否遵守了证据要求和交换条件规则，是否在捐赠的不动产被抵押的情况下存在任何无关的债务融资收入，高等院校与金融机构之间管理各种基金的任何代理协议（检查是否存在内部人分配或私人利益行为），以及是否按联邦税法规定的减免税比例对个人捐赠进行了扣减，等等。

---

① 参见 IRS, August College and University Examination Gudelines. Announcement 94–112 ［1994–37 I.R.B. 36（August 1994）］，见 http://www.federaltaxissues.com/docs/IRS-announce-94–112.pdf.

另外，美国筹款委员会理事会（Council on America Fundraising Committee, CAFC）、全国筹款执行官协会（National Society for Fund Executives, NSFE）和全国遗产捐赠委员会（National Committee on Planned Giving, NCPG）等专业筹款协会都制定了明确的道德规范标准，以指导协会成员进行募捐和其他活动。以美国专业筹款人协会（Association of Fundraising Professionals, AFP）1964 年发布的《筹款道德准则》为例（该准则于 1984、2004、2007、2009、2014 年均作出过修订），主要包括四个方面的内容：一是公共信任、透明度和利益冲突；二是慈善基金的劝募与管理；三是机密和专有信息的处理；四是薪酬、奖金和中间人费用。[①] 该协会还于 2006 年发布了《国际筹款伦理守则》（The International Statement of Ethical Principles in Fundraising）并陆续翻译成多国语言，该守则提出了"诚实、尊重、廉正、移情、透明"五个通用职业伦理原则以及六项筹款领域的实践准则，具体包括"筹款人在捐赠方面的责任""与利益相关者的关系""负责通讯营销以及公众信息""管理报告、财务以及筹款成本""支付款项及报酬""符合国家法律"。[②]

　　在高等教育领域，从 20 世纪 60 年代初斯坦福大学发起"挑战性时代行动计划"（Plan of Action for a Challenging Era，简称 PACE 运动）起，全面筹款运动就开始席卷高等院校并成为最先进的筹款方式。后来，斯坦福大学和麻省理工学院在政府赠款申报的会计方法上被爆出存在问题，高校向超额完成筹款目标的资源发展官发放奖金、全面筹款捐赠数额的计算方式以及如何支付筹款运动开销等问题也引发了争议。时任教育促进与支持委员会主席的布坎南（Buchanan）就呼吁高等教育界"反思

---

① 参见 AFP Code of Ethical Standards, 见 http://afpglobal.org/Ethics/.

② 参见 International Statement of Ethical Principles in Fundraising（Revised April 2017），见 http://www.afpnet.org/Ethics/IntlArticleDetail.cfm?ItemNumber=3681.

我们的行为，重新审视筹款运动的问责制标准"[①]，并带领筹款学术界制定筹款标准。

为了改善高等教育界在公众心目中的形象，帮助高等教育筹款行业确立行为准则，1982年和1986年，教育促进与支持委员会联合全美大专院校行政事务官员协会、美国筹款委员会理事会和董事会联合会共同提出了高等院校管理报告标准，主要就是针对年度捐赠和筹款开支的问题。其主要规定如下：只有在一场筹款运动规定的时间内获得的捐赠或认捐才能计入筹款总额（高校不能"回头"，将筹款运动开始前的捐赠计算在内，也不能在宣布筹款活动结束后再延长运动持续的时间）；认捐必须在五年内兑现；正式宣布之前开始的筹款运动的项目准备时间也算作整个筹款时段的一部分；捐赠和认捐只能在一场筹款活动里进行计算，不能重复计算；没有兑现的认捐必须从筹款总额中减去；来源于政府的资金不能算在筹款总额内；延缓支付捐赠必须是不可撤销的，才能算入筹款总额；捐赠人必须年满70岁以上才能进行遗嘱捐赠。除了这些标准以外，这份文件也介绍了一些确定捐赠价值的有效方法。标准适用的捐赠种类包括有价证券、私人控股公司的股份、房地产、个人资产、余额慈善信托基金、共同收入基金、慈善捐赠年金、慈善有限信托、由他人管理的信托财产、遗嘱捐赠、遗产馈赠人寿保险、赠与合同。该标准甚至还建立了一套步骤程序，专门处理筹款运动中逝世的捐赠人的遗嘱捐赠。这些标准背后的依据是，一场筹款运动的目标完成得好坏，远比筹集多少款项的目标更重要。衡量筹款运动成败的主要标准，应该是高校能否很好地满足自身的需求，完成自己的独特使命。支持者称，如果所有高校都遵守这些准则，那就较容易对不同高

①［美］弗兰克·H．奥利弗：《象牙塔里的乞丐——美国高等教育筹款史》，许东黎、陈峰译校，广西师范大学出版社2011年版，第136页。

校的筹款运动进行比较，特别是统一捐赠价值的计算方式可以终止对捐赠承诺使用可疑的、不恰当的计算方式。当然，有一些专业人士并不赞同这些标准，他们认为这些标准剥夺了各个高校自主决策的权力，比如如何确定筹款时间的长短、决定计算哪些捐赠和如何确定捐赠价值。[①]

2014年7月，CASE通过了《教育机构专业筹款人员实践原则》（Principles of Practice for Fundraising Professionals at Educational Institutions），旨在为教育机构专业筹款者和志愿者提供道德选择方面的指导。具体内容包括：（1）正直原则：公平、诚实、正直地管理自我；在专业相关活动中不维护任何没有事先充分披露和机构批准的既得利益，由此导致的个人利益或被视为一个潜在的利益冲突；尊重与潜在捐赠者、捐赠者、志愿者和员工的专业关系，不得滥用。（2）保密原则：保护和尊重捐赠者和潜在捐赠者的信息；尊重捐赠者关于如何使用或共享信息或提供历史信息的意愿；只记录和保存与潜在捐赠者培养、劝募和后续管理有关的信息；识别保留信息的来源；保证潜在捐赠者、捐赠者以及由该机构编制的其他名单，不得用于未经授权的用途或用于个人利益；尽一切努力确保有权访问捐赠者信息的志愿者、供应商和外部实体了解并统一遵守本组织的保密和公开披露政策。（3）公开信托原则：确保按照捐赠者的指示和意图使用捐赠的款项；改变受限制捐赠的使用之前应获得捐赠者的特定指令；提供及时、快速、真实的答复，供捐赠者和公众查询；机构的使命和利益高于个人利益；只追求适合或有助于推进该机构使命或被批准的优先事项的捐赠。（4）信息披露原则：诚实披露机构使命、资金使用目的以及机构有效使用捐赠的能力；主动分享与捐赠有关的评估或管理费用的信息；真实、

---

① 参见［美］弗兰克·H．奥利弗：《象牙塔里的乞丐——美国高等教育筹款史》，许东黎、陈峰译校，广西师范大学出版社2011年版，第151—155页。

具体地告知代表机构的筹款志愿者或雇员的身份；了解并披露自己的专长领域，并就与捐赠者有关的法律、会计、财务及税务问题作出适当的建议；帮助确保和国家标准一致的会计、预算和报告方式。（5）补偿原则：不接受以基金百分比为基础的补偿；在收到捐赠或捐赠信息后，不接受外部补偿；同意不向个人支付捐赠或捐赠信息的报酬。[①]

尽管上述准则或政策并不具备法律的强制执行力，但在实践中却得到了筹款业界的广泛支持、认同和遵守。各高等院校依据自身情况制定了与捐赠有关的规范性操作标准或政策，比如南加州大学制定的《捐赠接收规范与程序》、加州州立大学制定的《加利福尼亚州州立大学发展服务政策与程序（2014）》、康奈尔大学制定的《捐赠接受政策》等。负责筹资的部门也细分了筹资业务并制定了符合本校情况的筹资程序，比如市场推广与联络处负责赠予策划、企业和基金会、年度赠予及前景研究；校友与开发处负责校友关系、专项与重大赠予、捐赠者关系与联络；拓展事务处负责赠品与资金管理、信息系统和校友信息与技术支持等。美国高等教育研究会（Association for Higher Education Study, AHES）的研究报告深化和推广了高校筹资中的行为准则，主要包括：（1）大学筹资应不应该和学校整体的首要任务有关；（2）如何建立起大学与捐赠人之间恰当的关系；（3）在大学筹资这一行为中，大学应提供什么样的信息，并要求捐赠人提供什么样的信息；（4）什么情况下应当果断拒绝捐赠财物；（5）筹资对大学以及更大的社区应承担什么样的社会责任。全美高等院校行政事务官员理事会也就大学筹款的行为方式和最终目的达成了若干重要共识，主要包括：筹资的大学必须以容易理解的方式向

---

① 参见 CASE, Principles of Practice for Fundraising Professionals at Educational Institutions，见 http://www.case.org/Samples_Research_and_Tools/Principles_of_Practice/Principles_of_Practice_for_Fundraising_Professionals_at_Educational_Institutions.html.

社会明确阐述自身的需求；大学必须公正、诚实地向社会公众汇报筹款目标的进展情况；如果大学不能实现在筹款运动中设置的目标，就不能宣布筹款获得了成功，需要对社会作出一个明确的交代；筹资目标完成的好坏，并不能只看大学账户上筹集到的资金数额，而应该看大学能否很好地满足自身发展的需要，以及能否把握住大学的精神和使命。

第六章　美国大学捐赠基金内部治理规则

　　大学捐赠基金的内部治理是否规范、有效，影响着其投资效益和支持大学的能力。逻辑上所有组织都有实现良好管理的动机与目标，并会为此制定行之有效的内部管理政策及程序，加上每一个组织的运营目标和具体情境千差万别，立法者也不宜过多地干涉而采取"一刀切"的做法。大学捐赠基金管理者的法定义务源于英国普通法的信托关系及责任，法律规定采取非营利法人形式的董事和投资基金经理等必须遵循忠实与注意等义务。此外，法律监管机构、第三方独立机构和专业协会等为促进非营利组织的内部治理也制定了诸多行为准则。

第一节　法定信托责任

　　2005 年，美国大学因其校长本杰明·拉德纳的薪酬和消费习惯成为了媒体关注的焦点。美国大学是一所位于华盛顿特区的免税私立大学，《纽约时报》称其校长拉德纳当年的薪酬高达 66.3 万美元，经调查他和他的妻子南希在过去的三年里花了近 60 万美元用于机票、酒店、豪华轿车、食品、私人厨师和社交秘书以及家居用品等方面的支出。^① 随即，美国大学暂停了该校长的职务，委托了一家律师事务所准备一份校长及其家庭消费的报告，并重新审视其近期的财务记录，发现校长及其夫人的消费中至少有超过 50 万美元的支出存在疑点。美国大学决定发给本杰明·拉德纳一笔丰厚的遣散费，但该项决定并没有得到所有董事会成员的同意，四位受托人在此项决定作出后提出辞职，还有两位受托人发布了道歉声明，声称董事会在考虑大学校长的行动时对校长薪酬及其与大学的合同关系缺乏一种清晰理解。这一做法激起了舆论对美国大学董事会更多的批评，并招致了参议员查尔斯·格拉斯利（Charles Grassleg）的调查，他要求美国大学提供文件证明它在决定支付给高级行政人员、董事、受托人和雇员高额薪酬时维持了足够的透明度，声称该大学很可能在即将进行的审查和改革中成为范例。事后，美国大学授权执行委员会为治理变革提出建议，并一致通过并实施该建议，内容包括修订章程，适用全校范围的举报人政策，以及适用利益冲突政策。^② 鉴于此，国税局在专门针对大学和学院的合规性项目调查中，就重点关注了对年度报告特别是财务信息的审计，焦点之一就是大学官员的薪酬合理性。

根据国税局发布的《合规性项目中期报告》，半数以上的学院和大学拥有自己的捐赠基金且由另一个代表其利益的组织进行管理或维护，几乎没有学院和大学在内部设立专门对捐赠基金进行投资管理的职位及员工；最常见的方式是使用作为第三方的外部基金经理人进行管理，也有少量采取内部机构或关联实体的方式进行管理，仅有很少比例的公立学院和大

---

① 参见 Michael Janofsky, "American University Chief is Investigated over Spending", *New York Times*, September 23, 2005.

② 参见 Bruce R. Hopkins & Virginia C. Gross, *Nonprofit Governance: Law, Practices, and Trends*, John Wiley & Sons, Inc., 2009, p. 187.

学捐赠基金是由州政府机构如州财政局代为管理的；几乎所有的学院和大学都利用投资委员会来监管其捐赠基金资产，并制定投资政策，投资委员会的人数规模、雇用外部顾问以提出投资指导建议、选择外部利益相关方参与管理，以及批准以上决策的比例与学院和大学的规模呈正比；无论内部或外部投资经理的薪酬，均由董事会委员会或董事会全体成员审查和批准，补偿内部投资基金经理最常用的方式是薪水，其他还有基于资产的费用、共同基金的费用和基于绩效的费用等类型。[①]

实践中，董事会在现代大学捐赠基金管理中扮演着重要的角色，比如参与投资目标、资产配置和管理决策等。董事会的成员不仅要理解大学的使命，而且还应熟悉金融投资业务。根据2009GAO年的调查，捐赠基金管理组织的董事会呈现出混合结构的特征，一般情况下有三分之二的成员在投资委员会拥有投票权，接近90%的投资委员会成员是捐赠者，大多数在商业领域有着丰富的经验，大约一半成员是捐赠基金所服务的机构校友。投资委员会的实际结构与运营和投资决策是密切相关的，如果董事会中大学雇员较多则会更倾向于减少风险类资产的配置，如果捐赠者的比例较高则会更倾向于配置较低的可替代性投资和外包。与组织结构、运营状况、投资选择、资产分配等管理活动侧重于效率不同，法律所要解决的是在管理过程中各方的权利义务关系及责任的界定问题。以大学捐赠基金投资经理人和高管的薪酬问题为例，法律对大学尤其是投资委员会是否制定"合理"薪酬标准的政策及流程更为关注。

与慈善信托的受托人类似，非营利法人的董事与组织之间的关系在法律上被认定为"信托关系"，董事被视为组织资源的受托人和组织使命的

---

① 参见 Bruce R. Hopkins, Virginia C. Gross & Thomas J. Schenkelberg, *Nonprofit Law for Colleges and Universities: Essential Questions and Answers for Officers, Directors, and Advisors*, John Wiley & Sons, Inc.,2011,pp.266–269.

推动者，普通法上的信托责任对非营利法人的董事会及成员具有普遍的适用性和解释力。正如一个典型的法律陈述所言："在许多案件里，非营利公司信托规则制约着组织的董事、受托人和高级职员的行为，慈善信托法规范着组织资产的利用和处置。"《现代信托法重述》（第三版草案）第 77 节规定，受托人负有管理信托的义务，依据目的、条款和信托的其他情形像一个谨慎的人那样行事；谨慎要求履行合理的注意和技巧，以及采取适合于该信托的目的、环境和全面管理的慎重程度。[①] 一般来讲，信托责任要求董事会及成员保持客观、无私、尽责、诚实、值得信任和工作高效的状态；作为组织的管理者，董事会及成员应当总是以善意而行事，而不是为了他们个人的利益行事，在作出决策时履行合理的注意义务，而不是将组织置于不必要的风险之中；董事会及成员的重要职责之一就是维持财务问责和有效地监督日常管理，他们是组织资产的守卫者，被寄希望于履行尽职检查的义务，以审视组织是否被良好地管理和在各种情形之下财务状况是否合理等。

弗里蒙特·史密斯强调："信托责任指的是个人在双方约定的范围内负有为另一方利益而行事的义务这种情形。信托责任的实质是忠实义务，作为其必然结果的一个规则，受托人不得以牺牲另一方的利益为代价。另外，它还要求受托人在管理信托财产时达到一定的标准，即所谓'谨慎义务'的一种平行责任。"[②] 杰克·西格尔（Jack B. Siegel）指出，非营利法人董事最基本的两项义务是"忠实"与"注意"，如果董事的行为是充分、合理以及代表了非营利组织的最佳利益，即被认定为履行了其义务；反之，如果董事在没有充分了解信息的情况下作出了错误的决定，或者利用

---

① 参见 Restatement of the Law ofTrusts, § 77（1）(Preliminary Draft No. 6,2（03）.

② Marion R. Fremont-Smith, *Governing Nonprofit Organizations: Federal and State Law and Regulation*, The Belknap Press of Harvard University Press, 2004,p.187.

其内部人的身份对非营利组织造成不利，那么董事就违反了其义务。[①] 修订后的《非营利法人示范法》第 8.30（a）条在界定董事职责时，规定董事应当履行其职责，包括作为委员会成员的职责：（1）善意；（2）以一个普通的谨慎人在类似情形下的注意而行事；（3）以董事认为符合法人最佳利益的方式而行事。该规定并没有提到忠实或注意义务，尽管该法其他部分比如与董事有关的利益冲突规则提及了忠实义务。实际上很少有法律明文指出"忠实义务"或"注意义务"，更多的是使用"谨慎""合理""善意"等字眼来描述董事应该如何行事，而其中就包含了注意和忠实的要求。尽管非营利法人是法律拟制的人格，但其董事的注意和忠实义务更多的是源于"法官造法"或普通法，因为实践中上述法律术语及其判定标准往往是含糊不清的，监管机构和司法机关通常会依据行为意图的好坏来灵活地进行判断，然而好与坏的行为界限有时也是难以确定或者一概而论的。根据大多数州法，非营利组织的董事必须以善意和为了组织最佳利益的方式来履行自己的职责，许多州采取了"理性人"标准，即董事必须以一个普通的谨慎人在类似情形下的注意而行事。以纽约州法为例，它要求董事以普通的谨慎人在类似情况下所采取的善意、勤勉、注意和技巧来履行自己的职责，这一标准适用于所有董事而无论其是否获得薪酬补偿。

48 个州都以成文法的形式规定了忠实义务，董事有责任为实现非营利法人的最大利益而行使自己的权力，利用组织的资金和财产，以促进该组织使命的达成而非使自己或其他组织获得私利。忠实义务与董事会成员的私人利益之间可能存在潜在的利益冲突，尤其是当该成员参与与非营利

---

① 参见 Jack B. Siegel, *A Desktop Guide for Nonprofit Directors, Officers, and Advisors*, John Wiley & Sons, Inc., 2006, pp.77–136.

组织的经济交易时。通常情况下，如果董事会成员披露任何可能存在的利益冲突，则被视为履行了忠实义务，因为利益冲突本身并不违法，相反它普遍存在于非营利活动领域，比如董事会成员经常同时隶属于几个组织，有的组织既可能是非营利性的也可能是营利性的。因此，非营利组织通常会制定适合于自身实际情况的利益冲突政策，避免董事会成员有为了私人或其他组织的利益而利用组织的机会，当然有时也要顾及保密性原则。重要的一点是非营利组织尤其是董事会应当有应对利益冲突的正当程序，即当某位董事可能从组织活动中产生私人的利益或潜在的好处时，一项利益冲突政策能够通过建立信息披露和投票程序来帮助保护组织的利益以及涉事的董事。

注意义务侧重于作出决策的过程。董事有责任或义务被告知、询问、参与审议和作出判断等，也就是说，注意义务要求董事对非营利组织的活动和运营予以适当的关注。通常董事的以下行为被视为履行了注意义务：出席董事会会议和委员会；促进董事会会议筹备，比如先于会议前检查报告和议程；在投票前获取信息以作出适当的决定；使用独立的判断；定期检查那些服务于组织的人的资质和业绩；经常检查组织的财务状况和财务政策；遵守报告要求，尤其是年度信息反馈。当然，这并不意味着董事必须询问一切可能的问题，参与无休止的审议和咨询无数位外部专家和顾问。董事是否尽到注意义务，一条重要的判断标准就是"合理性"。例如，很多州法特别规定董事有权合理地信赖由非营利组织的雇员所提供的信息，以及由律师和会计师等专家所提供的建议和观点。值得一提的是，注意义务对董事的要求也依据决策的重要性而发生变化，董事在作出涉及非营利组织重大事项和活动的决策时应采取更高的注意标准。法律允许董事会和个别董事将权力委托给其他人比如雇员来行使，但要求其以不违反注意义务为前提，即仍必须履行必要的监督职责，否则可能会被视为"放弃责任和义务"，比如不要求被授权的人向其报告，但是具体情形及其后果也可能不同，要么是完全将权限交由他人，要么是出于疏忽大意而不再过问。

服从义务能否作为第三个义务还存在争议。该项义务要求董事必须为推进非营利法人的使命而行事，它根植于信托法，即遵循设立信托的资金提供者的原始目的。有专家指出这项义务延伸适用于非营利法人的董事可能会引发麻烦，理由有两个：一是当慈善组织从事重要的持续性业务时，会有更多的利益相关者参与进来，而服从义务在某种程度上是对所有的利益相关者而言的，如果不能涵盖增加的利益相关者，那么这项义务的履行将变得困难甚至不可能；二是使命必须经常随着组织的相关性而作出改变。因此，他们认为服从义务不是一项独立的义务，而是包含在忠实与注意义务之中的。然而，也有一些州承认服从义务是一项特殊的义务，比如纽约州律政司在论述慈善局的监管角色时就声称，尽管没有明确提到，但普通法上的服从义务同样适用于董事和高级职员，即其行事必须确保符合组织的目的和追求组织的使命。当董事会努力确保组织遵守了所适用的法律要求，遵守并定期检查所有管理组织运营的文件，以及在促进组织使命达成和管理文件范围内作出决定，都被视为履行了服从的义务。[①]

需要强调的是，董事会的集体责任与董事会成员的个人责任在法律上是有区别的。作为一个最终的授权，董事会应当确保组织在遵守法律和内部治理规则的前提下运营，常见的司法诉讼也往往是源于疏忽的、消极的或被控制的董事会。立法者和监管机构对涉及免税组织的董事会成员在问责问题上的要求日渐增多而严格，这引起了董事会功能的显著性转变，即

---

① 参见 Jack B. Siegel, *A Desktop Guide for Nonprofit Directors, Officers, and Advisors: Avoiding Trouble while Doing Good*, John Wiley & Sons, Inc., 2006, p. 78.

不仅仅限于单纯的监督，而是更深入地介入政策制定和审视、监督雇员实现全面管理。其产生的效果是，许多免税组织的董事会在实现和维护良好的政策方面变得越来越警惕和积极，集体责任强制全体董事会成员积极且尽责地参与组织的管理事务，而这些义务是否被证明得到了有效的履行就成为向董事会问责和法院裁定的标准。具体来讲，董事会对下列事项负有集体责任，包括：发展和促进组织使命、维持组织的免税地位、吸引慈善募捐的能力、保护组织的资源、制定组织的预算、雇用和评价行政总裁、一般性地检查组织管理，以及支持组织的筹款。[1] 然而，董事会分担法律责任所依赖的却是个人行为，即每一位董事会成员对其行为负有个人责任，包括可能触犯民事或刑事法律的行为。这就要求实践中董事会成员应对彼此被证明有害于组织的行为进行举证。

第二节　监管机构准则

联邦监管机构及个别州颁布了具有代表性的指导非营利组织内部治理的政策性文件（如表6-1）。2007年2月7日，国税局在官方网站发布了慈善组织的"善治规则"（初步讨论草案）。它强调这份草案是非正式的，也非官方文件，其中的建议不是对联邦免税组织的法律要求。但是，在这份草案中，国税局表达了对慈善组织董事会的看法，认为它应当由那些对

---

[1] 参见 Goldschmid, "The Fiduciary Duties of Nonprofit Directors and Officers: Paradoxes, Problems, and Proposed Reforms", *Journal of Corporation Law*, 1998,p.23.

表6-1 联邦监督机构及个别州的具有代表性的指导非营利组织内部治理的政策性文件

制定主体	文件名称
参议院财政委员会 (The Senate Finance Committee)	《涵盖免税组织加强治理和最佳实践章节的建议草案（2004）》
财政部 (The Treasury Department)	《财政部反恐金融指南（2005）》
国会 (Congress)	《免税组织信用咨询机构标准（2006）》
国税局 (The Internal Revenue Service)	《良好治理原则草案（2007）》 《重构年度信息反馈（2007）》 《机构生命周期教育工具（2008）》
加利福尼亚州 (California)	《非营利组织完整性法案（2004）》

（资料来源：[美]布鲁斯·R.霍普金斯、维吉尼亚·C.格罗斯：《非营利治理：法律、实践和趋势》，纽约：约翰威立公司2009年版，第157—158页。）

监督慈善组织运作及财政状况有相当了解并积极参与的人组成，如果董事会容忍保密或疏忽的氛围，慈善资产就更可能被用于增进不被允许的私人利益；成功的董事会包括那些不仅懂得并热衷于组织项目的人，而且在涉及会计、财务、补偿和伦理等关键领域有专业知识的人。国税局强烈建议慈善组织审视和考虑草案中的建议，帮助确保董事了解他们的角色和责任，并积极推进善治措施。尽管这不是免税的一项要求，但是监管机构相信组织如果采纳这些建议的一部分或全部，将更有可能在免税目的诉求和赢得公众支持方面成功。

"善治规则"包括了以下内容：使命宣言、伦理准则、举报政策、尽职调查、忠实义务、透明度、筹资政策、财务审计、补偿做法、文件保留政策等。该规则要求慈善组织的董事会：（1）采用清晰明确的使命宣言以解释和传播慈善目的和作为组织工作的指南。（2）负有制定道德标准并确保它渗透到组织内部和付诸实践的最终责任，使之成为所有工作人员遵守法律和道德准则的文化手段。（3）采取有效的政策处理员工投诉，为报告涉嫌财务不当或滥用慈善资源建立相应的程序；董事们必须谨慎处理照顾义务，该义务要求董事善意行事，以一般谨慎的人在类似处境和类似位置上，以及以董事合理地认为为了慈善组织最佳利益的方式来履行照顾义务；董事们应当注意所制定的政策和程序对于满足其照顾义务是适当的，例如确保每一位董事熟悉慈善组织的活动，以及了解这些活动是否推动了组织使命并达成目标，确保每一位董事充分了解慈善组织的财务状况，以及掌握充分而准确的信息以作出明智的决策。（4）忠实义务要求每一位董事以慈善组织而非董事或其他个人或组织的利益行事，特别是要避免不利于慈善事业的"利益冲突"。董事会应当定期评估利益冲突政策的有效性，要求董事们和员工以慈善组织的利益行事而不考虑私人利益，包括决定一种关系、财务利益或业务联系是否导致利益冲突的书面程序，以及描述当利益冲突被界定时所发生的特定过程。董事和员工应当被要求每年以书面形式披露任何已知的财务利益，该利益属于任何与慈善组织发生商业交易的实体中的个人或其家庭成员。（5）透明度规则要求董事会应制定和执行相应程序，确保慈善组织990表格、年度报告和财务声明完整而确切地发布在慈善组织公共网页上，而且应公众要求可供索阅。（6）慈善筹款是许多慈善组织财政支持的重要来源，成功的筹款要求是诚实的，董事会应确保筹款募捐满足联邦和州的法律要求，以及募捐资料是准确、真实的，还应当保证筹款成本是合理的。董事会应选择那些经注册并能够提供好的建议的职业筹款人并持续监督其行为。（7）董事会应制定年度预算以支持慈善组织运作，确保财政资源用于慈善目的，如定期接受和阅读包括在990表格、审计师信函、财务和审计委员会报告中更新后的财务陈述，雇用独立的预算师进行年度预算，或者建立独立的预算委员会选择和审查独立预算师。（8）慈善组织支付给董事的酬劳应当是合理的，董事的薪酬由不被支付薪酬和没有经济利益的人组成的委员会决定。（9）为文档（包括电子文档）的完整性、保留和破坏建立标准而制定书面政策，该政策应包括备份程序、文件归档及定期检查系统的可靠性。

在 2008 年，国税局却悄然放弃了善治规则草案，理由是为了确保重新设计的年度申报信息得到有效的反馈。国税局称其在非营利组织治理方面的立场已经很好地反映在了修订后的 990 表格所要求的报告之中，其对慈善组织的治理原则也概括在了所谓"生命周期教育工具"（LifeCycle Educational Tool）里。[①] 重新设计的 990 表格重复提及非营利组织所采取的治理政策和程序，借此推动非营利组织评估其治理是否达到了善治和实现组织效能的目的，并要求非营利组织就此提供详细的报告并作出适当的信息披露。

2008 年，国税局对免税的高等教育机构开展了一项调查，向 400 所公立和私立学院、大学发放了长达 33 页纸的调查问卷，重点关注的是不相关商业活动、捐赠基金和高管薪酬，学院和大学能够从中了解国税局所要求的政策和程序是否已经执行到位，以此作为自查的一种形式。该问卷要求提供有关董事、高管和全职教员利益冲突的书面政策，提供经过审计的财务报表，尤其要列明各类商业活动的收入和支出，涉及捐赠基金的问题包括学院和大学是否设立投资委员会监督捐赠基金的投资，是否询问投资顾问的建议或认可，如何补偿内部和外部的投资经理人，以及捐赠基金的分配和使用情况等。对高管薪酬的问题则是要求学院和大学（特别是私立院校）提供高级职员补偿标准的书面政策，调查的重点是确定高管薪酬的标准是否合理，比如是否使用了外部顾问的可比性数据，而且是否对确定标准的流程作了适当披露等。

---

① 参见 Bruce R. Hopkins & Virginia C. Gross, *Nonprofit Governance: Law, Practices, and Trends,* John Wiley & Sons, Inc., 2009,pp. 74–78.

第三节　行业自律标准

第三方独立机构和专业协会被统一贯以"监督代理人"（Watchdog Agent）的称谓，他们所制定的标准虽然不具有法律强制力，但均本着促进慈善组织良好治理的目的，主要涉及内部治理结构、各项管理政策和流程、董事职责要求、信息披露、财务审计等问题，为慈善组织确立了较高的管理实践标准，再加上他们对慈善组织的评级和排名能够产生广泛的公众影响力，因此发挥着实际的规制作用（如表6-2）。

表 6-2　美国非营利组织的行业自律标准

制定主体	文件名称
非营利专家组 （The Panel on the Nonprofit Sector）	《善治和伦理实践原则：慈善组织和基金会指南》 《强化慈善组织的透明度、治理和问责》
卓越标准研究院 （The Standards for Excellence Institute）	《卓越标准：非营利部门的伦理和问责准则》
明智捐赠联盟 （The Wise Giving Alliance）	《慈善问责标准》
财务问责福音委员会 （The Evangelical Council for Financial Accountability）	《管理责任标准》
美国慈善协会 （The American Institute of Philanthropy）	《A-F字母排序评级系统》

（资料来源：[美]布鲁斯·R.霍普金斯、维吉尼亚·C.格罗斯：《非营利治理：法律、实践和趋势》，纽约：约翰威立公司2009年版，第157—158页。）

一、慈善咨询服务标准

商业促进委员会（The Council of Better Business Bureaus，CBBB）负责监测和报告全国性慈善组织的捐助与赠款，它在 1971 年设立了慈善咨询服务部（The Philanthropic Advisory Service，PAS），该部门的主要目标是通过自律和监测推动商业实践的道德标准落实和保护消费者。PAS 制定的慈善咨询服务标准（The Philanthropic Advisory Service Standards）现已被明智捐赠联盟标准所取代，但它仍具有第一次发布和实施非营利组织的一套治理规则的历史意义，所以有必要在这里重提。PAS 根据 CBBB 慈善募捐标准来评价慈善组织，这些标准覆盖了五个基本领域，即公众问责、资金使用、募捐和信息资料、筹款实践、内部治理。

PAS 标准要求：（1）慈善组织根据要求提供年度报告，报告包括各种信息目的、近期活动、治理和财务状况。另外，还要求慈善组织提供一份完整的年度财务陈述，包括所有收益和筹款成本的账目（含控制或附属实体），需要详细到捐赠或其他收益的明确分类、主要项目和活动的各类支出、按自然分类（例如工资、员工福利和邮资）费用的具体描述、筹资和管理成本的精确介绍、多用途活动的总成本，以及用于各种活动的成本的分配方法。（2）慈善组织要按照捐赠人的期望在总收益和所得捐赠中支出至少 50% 被视为达到"合理的"比例，筹款成本不超过相关捐赠的 35% 被视为合理，总筹款和管理费用不超过总收益的 50% 被视为合理。总之，慈善组织应当对其支出建立和实施"充分的控制"。（3）募捐和信息资料必须是"全部或部分地准确、真实和非误导的"，募捐资料被要求清晰地描述资金相关的项目和其他活动。（4）筹款实践要求募捐组织必须对其高级管理人员、雇员、志愿者、顾问和签约者所进行的筹款活动建立和实施控制，例如通过书面合同和协议的方式。比如兑现对捐赠人保密的承诺，确保捐赠人的名字不被交换、出租或出售；保证筹款在"没有过多的压力"下进行，这些压力如发票的幌子、骚扰、恐吓、胁迫、公开披露或经济报复的威胁，以及扭曲组织活动或受益人的强烈感情诉求等。（5）治理的三个要素包括：其一，充分的治理结构，意味着治理机制必须设置组织的目标和目的，界定组织的治理结构，授权其制定政策和项目（包括修订治理机制的授权），少于三人的决策机构或执行委员会被视为是不充分的。其二，积极的治理主体，具体要求是正式的会议每年至少举行三次，均匀间隔在一年内，并且亲自或委派代表出席的成员平均过半数。其三，独立的治理主体，如果董事会或执行委员会具有表决权的成员中有 20% 是直接或间接的付薪成员，则被视为没有满足该项标准；如果董事会成员由于任何关系或业务联系而产生利益冲突，也被视为没有满足该项标准。[①]

二、慈善问责标准

明智捐赠联盟（BBB）成立于 2001 年，是全美慈善信息局并入 CBBB 基金会和 PAS 的产物，它附属于 CBBB。该联盟收集和发布数以百计的慈善组织信息，这些组织在全美范围内募捐或者在国内、国际开展项目服务。它经常询问慈善组织的计划、管理和筹资做法，选择捐赠者咨询较多的慈善组织进行调查和评价，服务于捐赠人的信息需要和帮助捐赠人自行决定慈善捐赠。该联盟制定了自己的慈善问责标准，以帮助捐赠人作出明智的捐赠决定和促进公众对慈善组织的信心。这些标准的目标之一就

---

① 参见 Bruce R. Hopkins & Virginia C. Gross, *Nonprofit Governance: Law, Practices, and Trends*, John Wiley & Sons, Inc., 2009, pp. 52-54.

是推动慈善组织自愿的伦理行为，具体包括以下内容：（1）治理与监督。要求董事会有最终的监督权，并确保董事是积极的、独立的和避免自我交易的。董事会必须充分地监督慈善组织的运作及其工作人员，定期考核经理人的业绩表现和控制支出行为，比如董事关于预算、筹资活动、建立利益冲突政策以及建立足以保障慈善组织财政的会计程序等建议。董事会至少由五名具有表决权的成员构成，每年至少均匀间隔开会三次且绝大多数成员要出席，面对面地交换意见。（2）效能评估。要求慈善组织必须定期评估自己达成使命的有效性，具体做法是界定可衡量的目标和对象以及程序，来评价其项目在满足组织的目标和对象方面的效能和影响，以及评价程序是否解决了存在的缺陷问题。董事会需要制定一个至少每两年一次的评价政策，并批准一份书面的报告列出上述表现和成效评估及对未来行动建议的结果。（3）财务。要求慈善组织至少支出总项目活动费用的50%，支出不少于35%的筹资所得捐赠，避免不必要的资金积累，披露组织的年度财政报告以及经董事会批准的年度预算。（4）筹款和信息资料。要求慈善组织的募捐和其他信息资料必须是准确的、真实的和非误导性的，年度报告向公众公开，信息反馈到网站，披露如何从一项关联商业活动中获利，以及迅速回应来自 BBB 的询问。[1]

三、卓越标准：非营利组织伦理与问责准则

卓越标准研究院是慈善机构的一个会员制组织，它宣称秉承的标准要高于地方、州和联邦法律法规的最低要求，其宗旨是推动一个全面的自律

---

[1]　参见 Standards for Charity Accountability, 见 http://www.bbb.org/us/standards-for-charity-accountability/.

规则系统在非营利组织的广泛应用。这些标准建立在基本的价值如诚实、正直、公正、尊重、信任、同情、责任和问责等之上，为非营利组织在运作项目、治理、人力资源、财务管理和筹款方面道德和负责任地行事提供指南。包括：（1）任务和项目。要求经董事会批准的组织目标应当是正式和特别强调的，组织的活动应当与其目标相符，定期（每三年或五年）检视其使命以决定是否需要继续项目。组织应当评价使命是否需要被修正以反映社会变化，以及当前项目是否应当被修订或中止，或者开发新的项目，应当定义一项成本效益程序以定性和定量地评价其与使命相关的项目。（2）董事会责任和执行。董事会应当参与必要的长期和短期计划，制定与使命相关的特殊目标和对象，评价项目是否成功等，应当建立有效管理的程序包括财务和人事政策，应当批准年度预算和定期评估财务执行情况，应当雇用经理人并对其业绩进行年度审查及制定薪酬方案，应当对自身运作（包括培训、考核、选聘董事）负责，慈善组织应当保留董事出席会议的书面记录。（3）董事会构成。慈善组织的治理机构应当由能够执行机构使命的个人和专业人士构成，至少有五位相关董事，应当规定董事会成员的任职期限，他们只能报销与执行董事会职务直接相关的费用。（4）利益冲突。非营利组织必须制定书面的利益冲突政策，并告知和说明该政策适用于所有的董事会成员和员工（包括志愿者），应当界定产生利益冲突的行为或交易类型，制定披露实际和潜在冲突的程序，提供检查董事会非相关成员的个人交易记录。（5）财务问责。要求慈善组织根据经董事会批准的年度预算来运作，提供及时而准确的财务报告，至少每个季度编制财务报表提交给董事会，并查明和解释任何实际收入、支出与预算之间差异的原因。组织应当为员工提供一个安全保密的方式以举报涉嫌财务不当或滥用组织资源的行为，禁止对举报者实施打击报复。组织还应有与其治理机构相适应的足够规模和复杂程度的书面财务政策，包括资产投资、内部控制程序、购买实践以及无限制流动净资产。（6）法律合规和责任。组织必须清楚和遵守所有适用的联邦、州和地方法律。这些法律涉及筹款、注册、财务问责、文件保存和销毁、人力资源、游说和政治宣传及税收。（7）公开。要求慈善组织准备与使命有关的项目和基本审计财务数据，并每年提供给公众查阅，至少有一位员工专门负责确保组织遵守了联邦和州法所要求的公众信息披露义务。（8）公众教育和宣传。要求非营利组织保证提供给媒体和向公众发布的信息是真实、准确和易于理解的，还要求组织在积极推动公众参与社区事务中是严格无党派的。（9）筹款。要求筹款成本在某段时间内（平均是五年）是合理的，慈善组织应当从筹款活动中受益至少三倍于其花费，筹款比例低于3∶1的组织应当证明它们正在向目标迈进，或者能够证明为什么3∶1的比例不适用于特殊的个体。募捐及其运动资料应当是准确、真实的，以及证明募集资金的用途符合组织使命和捐赠人意图。慈善组织应当尊重捐赠人的隐私，维护捐赠人所期望的信息的保密性。募捐应当是自愿的而非出于过多的压力，尊重捐赠人或潜在捐赠人的需要和利益。慈善组织还应当制定政策以接受和处理得到的捐赠，包括决定能够接受的个人或企业捐赠的程序，将被接受的捐赠的目的，将被接受的财产的类型，以及一项不寻常或意外的捐赠能否被接受。筹款的人员，无论是雇员还是顾问，都不应当获得超出佣金比例或其他委托计算公式的报酬。当使用付酬的职业筹款顾问或职业募捐者提供的服务时，慈善组织应当仅与那些经授权机构注册的人签订合同，组织还应当控制以其名义进行募捐的任何员工、志愿者、顾问、其他签约者、企业或其他组织。[1]

---

[1] 参见 Excellence Institute, An Ethics and Accountability Code for the Nonprofit Sector, 见 http://standardsforexcellence.org/.

四、美国慈善协会标准

美国慈善协会是最著名的慈善监督机构之一，设立目的如其所言是帮助捐赠者作出明智的捐赠决定。它旗下的"慈善监管者"（CharityWatch）指出其他机构一般依赖慈善组织所提供的慈善信息使用简单或自动化的系统来生成评级，在没有充分分析其财务状况或运作方式的情况下，对慈善组织的报告进行重复或重新包装，而 CharityWatch 评分系统的独特之处在于，深入挖掘和仔细分析慈善机构的财务状况并作出相应的调整，以更好地反映大多数捐赠者的目标，即希望自己的捐赠能够得到有效利用，所以该系统不允许慈善机构统计他们在直接邮件或电话营销上花费的资金，或者包括大量未披露的和经常被高估的捐赠物品。CharityWatch 认为慈善机构所提供的自我报告式信息比如税务报表可能不是捐赠者最需要且最有效的信息来源，因此它会通过更可靠的经审计的财务报表对慈善机构的纳税申报表进行审查。这些财务报表是由独立的注册会计师在慈善机构之外生成的，而审计报告通常包括一些慈善机构选择不在纳税申报表中报告的信息。考虑到慈善机构的财务报告和会计准则的复杂性，这样做能在一定程度上解决信息不对称或标准不一致等问题，也避免了计算机自动或过于简单化的评估。

为了保证 CharityWatch 的独立性，使其不受慈善机构或其他组织的影响和施压，该机构从来不向所审查的慈善机构收取费用，也不接受任何广告宣传和在其网站或出版物上刊登广告，其董事会也不包括任何非营利组织的负责人且不允许他们从被审查的慈善机构获得报酬，95% 以上运营资金来自小额的个人捐款，因此其能保持言论自由和对慈善机构违反职业伦理的行为提出批评而无所顾忌。CharityWatch 在评级系统中设置了两项最主要的标准：（1）筹款费用。它认为筹款成本必须是合理的，这意味着慈善组织支出的款项至少 60% 是用于慈善目的的，以保持在筹款和管理之间的分配平衡。筹款支出不应当超过 35%，这一比例建立在相关的捐赠而不是总收益的基础之上。它也适时调整慈善组织的筹款支出比例。（2）资产储备。它认为合理的资产储备能使组织在没有筹款的情况下至少运营三年。组织拥有多年（五年）的资产储备被视为最低需要，这一事实能使组织在不考虑其他因素的情况下获得 F 评级。

五、善治和伦理实践原则：慈善组织和基金会指南

非营利专家组（The Panel on the Nonprofit Sector）在美国参议院财政委员会的鼓励下于 2004 年创立，该组织一直致力于寻找加强慈善界治理、透明度和理论标准的方法。2007 年，其咨询委员会在研究了五十余家慈善组织自治和自律规则的基础上，提出了善治与伦理实践原则（Principles for Good Governance and Ethical Practice），旨在帮助董事会成员和行政管理层掌握更高的标准以实现对慈善组织的良好治理和道德操守。该规则共有 33 条，分为四个部分：

（1）遵守法律和公众信息披露义务。首先，要求慈善组织必须遵守所有联邦、州和地方政府规定适用的与建立和运营相关的法律法规，如果组织在美国以外开展项目，也必须遵守适用对美国具有法律约束力的国际法律、法规和惯例。董事会负有检查和确保组织遵守其所有的法律义务以及管理检测和纠正不当行为的责任。其次，慈善组织应当具备其董事会全体成员或受托人、工作人员和志愿者都熟知并坚守的正式的书面伦理准则。再次，慈善组织应当采用和执行如公开、回避或其他妥善处理方式的政策及程序以确保避免利益冲突。然后，组织应当建立举报制度，确保个人能

够举报违法或违背组织政策行为的信息，并确保善意的举报者受到保护而不会被报复。此外，慈善组织还应当建立相关政策和程序防止组织重要的文件和商业记录泄露，以及确保组织有足够的计划防止其资产（包括财产、资金和人力资源、方案内容和材料、诚信和声誉）损坏或丢失；董事会要定期审查组织所需的一般责任和董事们及高级职员的责任保险，采取必要措施降低风险；组织也应当将其运营的信息，包括治理、财务、计划和活动，尽可能广泛地告知公众，并考虑提供和分享其用于评估自身业绩的方法和结果。

（2）有效治理。要求慈善组织必须设立一个治理机构对检查和推进组织使命和决策、年度预算和关键财务管理、薪酬政策与执行以及财政和治理策略负责；董事会应定期开会，保证足以开展其业务和履行职责；董事会构建自身组成并定期检查，拥有足够的成员来思考治理和其他事项的充分性和多样性；董事会应包括多元化的背景（包括但不限于民族、种族和性别）、经验，以及推动组织使命所必要的管理和财务技能；公共慈善组织的绝大多数（通常至少三分之二）董事会成员应当是独立的，即不是组织付薪的雇员或独立的合同方，不由组织付薪人员决定其薪酬，没有直接或间接地接受组织的物资财务利益（除了作为组织所服务的慈善类成员外），与上述任何人（比如配偶、兄弟姐妹、父母或子女）无关的人；董事会应当雇用、检查和经常评估首席执行官的业绩，应当先于改变高级职员薪酬前对其进行评估，除非有多年生效的合同或者仅仅为通货膨胀或生活费用而作的例行调整。慈善组织董事会如果有付薪职员的话，应当确保首席执行官、董事会主席和财务主管由独立的个人担任；如果没有付薪职员则应当确保董事会主席和财务主管由独立的个人担任。董事会应当建立一个有效的、系统的程序加强成员间的培训与交流，确保他们知晓自身的法律和伦理责任，了解组织的项目和活动，并能有效地履行他们的检查职能。董事会成员应当评价他们的整体业绩和个人业绩（通常不少于三年），并有开除不能完成义务的董事会成员的清晰程序；董事会应当制定清晰的政策和程序设定董事会成员的任职期限和履职条款，至少每五年检查组织的治理机制和定期评估组织使命与目标，确保组织的项目、活动推进了组织使命并谨慎地利用了组织资源。董事会成员一般是不付薪酬的，但为履行职责而发生的费用可以报销；慈善组织提供给董事会成员的补偿应当根据恰当可比较的数据来决定，并将补偿的数额和理由披露给应其要求的任何人。

（3）强有力的财务审查。慈善组织必须保留完整、及时和准确的财务记录，董事会应及时接受和审查组织的财务报告，并由合格的、独立的财务专业审计师或以一种适合于组织规模和运营范围的恰当方式每年审查这些报告。董事会应建立政策和程序确保组织在遵守法律要求的前提下负责任地管理和投资资金，检查和推进组织年度预算并监管实际与预算相悖的行为。慈善组织不应向董事、高级职员或受托人提供贷款，如贷款担保，购买或转让住宅或办公室的所有权，或减轻债务或租赁责任或其他等值物品交易等。慈善组织应当在推进使命的项目上花费年度预算的显著比例，预算应当能够为组织的有效管理和适当的募捐活动提供充足的资源。慈善组织应当为任何人以组织名义进行商业或差旅而支出费用建立清楚的书面报销政策，包括报销费用的类型和所需的文件，并要求代表组织而为的差旅以一种成本效益的方式进行。组织不应当为陪同的配偶、家属或其他人支付或报销差旅费用，除非他们也执行这样的任务。

（4）负责任的筹款。募捐资料和其他发布给捐赠人和公众的资讯必须是清晰可辨且准确真实的。募捐必须被用于符合捐赠人意图的目的，无论是否像相关的募捐资料所描述的那样或者是捐赠人特别指定的。慈善组织必须按照国税局的要求提供给捐赠人与慈善捐款相关的具体确认及信息，方便捐助者遵守税法的规定。慈善组织应当根据其特定的免税目的采用清楚的政策来决定是否接受一项可能会损害其伦理准则、财务状况、项目重点或其他利益的捐赠。慈善组织应当提供适当的培训以监管那些代表其募捐资金的人，确保他们理解自己的责任和适用的联邦、州和地方政府的法律，不采用强制、恐吓或有意骚扰潜在捐助者的方式筹款。慈善组织不应当将筹款人的薪酬建立在完成特定数额的募捐比例上，这样会鼓励筹款人将个人利益置于组织和捐赠人之上，并导致其使用不恰当的技术而危及组织的价值观和声誉以及捐赠人对该组织的信任。慈善组织应当尊重个体捐赠人的隐私，除非法律要求对其进行披露，不应当出售或以其他方式提供捐赠人的姓名或联系信息，并提供如验讫箱或"退出"方式要求未来接收材料者将捐赠人名字从邮件、传真或类似通讯信息中删除，确保所有捐赠人每年至少有一次机会要求提供自己的姓名或联系信息不被组织外部共享的方式。[①]

事实上，第三方独立机构和专业协会长期以来已经站在了为非营利组织制定标准的最前沿。慈善组织也认为自己被牢牢掌握在这些机构的标准规范和公众排名之下，经常认为对于这些机构的评论和评级无能为力，尽管实际上它们有一定的权利考虑这些标准以及适用的方式。然而，如何妥善解决慈善组织就适用上述机构所制定的标准而产生的争议，法律在原则上要求这些标准及其适用必须是公平的，除非存在以下两种情形：第一种是显著的经济因素，如果监督机构的权力大到足以对被列为不符合标准的慈善机构产生不良经济后果时，法院可以介入纠正不公平的标准或不公平

---

① 参见 Good Governance and Ethical Practice : A Guide for Charities and Foundations, 见 http://www.nacua.org/documents/GoodGovernance.pdf. Steering Your Board Toward Good Governance and Ethical Practice， 见 http://www.independentsector.org/uploads/Accountability_Documents/Principles_Workbook.pdf.

的适用程序；第二种是机构评级的权力引起公众的关注，监督机构设想自己是为了公众利益或潜在捐赠人的利益而强制要求信息披露，慈善组织的筹款成功也依赖一个良好的评级，公众会从一个受到负面评级的慈善组织撤回捐赠，而一个受到机构积极评价的慈善组织显然比那些受到不利评价的组织有显著的竞争优势。上述两种情形可以简单地概括为："自律规则应当建立在定义清晰的标准基础之上，即明白地指出什么是正确的和不正确的，模糊的标准导致恣意妄为"，以及"标准一旦制定就应当以合理的方式执行"。监督机构制定和适用的标准必须经得起以上两种情形的检验，基本的公平即要求执行这些标准必须建立在合理的程序基础之上。[①]

---

① Bruce R. Hopkins & Virginia C. Gross, *Nonprofit Governance: Law, Practices, and Trends,* John Wiley & Sons, Inc., 2009,pp. 51–52.

第七章 美国大学捐赠基金投资运作规则

富有成效的投资运作俨然已成为美国大学捐赠基金的核心标记。以耶鲁大学为例，经过两个多世纪的发展，特别是在 1985 年大卫·史文森开始担任首席投资官后主导的现代投资组合策略下，耶鲁大学的捐赠基金规模从 26 亿美元上升至 194 亿美元，2011 年还以 21.9% 的投资回报率成为当时世界上最赚钱的高校基金。但就立法而言，大学捐赠基金能否投资、如何投资及其法律责任界定等问题也经历了长时间的讨论和变革，比如投资权的委托、谨慎投资规则和社会投资责任等。

第一节 投资权委托立法

如前所述，直到 20 世纪 60 年代中期，捐赠基金的投资模式依然很传统，要求受托人不得授权给他人进行投资决策，而且捐赠基金的支出也仅限于利息和红利收入，投资范围局限在债券和其他固定收益类产品，不允许投资高风险资产类别。信托法严格禁止受托人将本应由自己履行的投资责任委托给他人行使，除非信托文件中有明确的授权，但是允许受托人在作出选择前向投资顾问寻求建议。理由是立法者认为信托关系建立在信任的基础之上，捐赠者在设立慈善信托时一般都会考虑到受托人的判断和能力，其中就包括投资的专业性，因此大多数信托协议中规定"选择和监督投资是不可转授的"。

1969 年受福特基金会的委托，威廉·卡里和克雷格·布赖特撰写了第一份研究报告，题为《捐赠基金的法律和学问》。该报告系统而全面地探讨了捐赠基金投资的诸多法律问题，被视为开启捐赠基金现代投资模式及其立法的标志性事件。该报告分析了捐赠基金"收入"的法律定义，对传统的信托理论和捐赠者意图等法律原则进行了探讨，结合非营利法人的"收入"概念和投资发展趋势，对所谓现实"收入"的分类及存在的问题进行了研究。该报告就法律对收入（income）的界定是否构成了对高等院校捐赠基金实现利益最大化的限制或者说妨碍了其政策的灵活性进行了阐释。传统上，大学捐赠基金的管理者被视为受托人，根据信托法，收入只包括利息和股息，属于本金，而本金是神圣不可侵犯的。20 世纪 60 年代以前，法律对 gain 和 income 仍有着严格的区分。但实践中，大学捐赠基金投资所获得的现实收益（realized gains）是作为永久保留基金的一部分，还是可以为了当前的运营在谨慎范围内被视为收入和支出？管理者有无法律上的授权作出这样的投资决策？这些问题都引起了争议。该报告认为立法上并没有支持"捐赠基金的现实收益永远不能被支出"的观点，谨慎人规则呼吁保留足够的收益来维持购买力以应对通货膨胀和防范潜在的损失，但收益的支出应当在机构董事的慎重决定之下进行。因此，该报告认为法律应当成为中立因素，提供机构所需要的最稳健的投资选择自由，可以通过宣告式判决、立法、准捐赠基金、赠予文书等方式来实现。该报告还建议就高等教育机构的捐赠基金管理设立一部统一示范法，为下列事项建立标准：（1）对选择适当的投资尤其是对事实给予应有的认可，现代谨慎人的含义不仅是守护资金原始价值的安全，也包括维持资金的购买力;(2)就利用收益而言,应依据谨慎人规则给捐赠基金、本金和收益作出定义;(3)明确诸如投资责任的授权和为投资目的而汇集资金等管理事项。[①] 后来的实践证明,法律确实也朝着大学捐赠基金管理更灵活的方向迈进,影响并改变了对于收益的传统观点。

1972年《统一机构基金管理法》(UMIFA)出台,该法适用于美国47个州,它确立了基金的审慎投资标准,允许受托人授权合格的投资顾问进行投资管理决策,规定了捐赠基金使用限制的豁免等。依据UMIFA,投资权的委托分为两种情况:第一种是内部委托,即允许将投资责任授予机构的委员会、高级管理人员和雇员;《非营利法人示范法》(The Model Nonprofit Corporation Act,1964)也允许非营利法人的董事会将大部分责任授权给由两名或更多的董事构成的委员会,并进一步规定董事会可以选择和任命管理人员和代表并限定其责任。《信托法重述(二)》在一系列既有案例的基础上,为了区分慈善法人与慈善信托,特别规定慈善法人的董事会可以任命由其成员组成的委员会处理法人资金的投资问题,董事会仅履行对委员会行为的一般监督权即可。第二种是外部委托,UMIFA规定非营利法人可以将投资责任授权给"独立的投资顾问、投资经理人、投资银行或信托公司"。该法也对外部授权作了一些类似于营利性法人的限制性规定,原则上董事会不得推卸责任,比如保留监督和评估投资顾问业绩表现的权力。另外,在选择投资经理人时,董事会应当尽到最大限度的注意义务,包括对投资经理人的声誉、记录进行全面调查等。[②]

1974年,威廉·卡里和克雷格·布赖特向福特基金会提交了第二份研究报告,题为《捐赠基金的法律发展:"法律和学问"的修订版》。这

---

① William L. Cary & Craig B. Bright, The Law and the Lore of Endowment Fund, 1969.

② 参见 Laurence B. Siegel, Investment Management for Endowed Institutions, 见 http://www.fordfoundation.org/pdfs/library/investment%20_management.pdf.

份报告回顾了捐赠基金在实践中发生的变化以及立法进展，总结了将投资责任的授权作为一项管理工具的重要意义，指出法律必须是灵活的以适应时代的变化和需要。[①] 该报告比较了15所教育机构捐赠基金与成长型共同基金、罗切斯特大学投资办公室的投资业绩，指出学院和大学捐赠基金表现不佳的重要原因是受托人管理不善，即为了提高当期收益同时规避风险而把投资重点放在了固定收益类产品上，这种投资策略的代价是牺牲了回报更高的成长型股票，建议捐赠基金未来的投资策略需要选择以整体回报为基础的股票资产，而不是以股息和红利最大化为基础的债券资产。该报告还建议对大学捐赠基金的投资流程进行一定的修改，包括把投资策略的执行授权给专业的投资组合经理以及将支出比例变更为捐赠资产过去三年移动平均市值的固定百分比。随后，福特基金会成立了共同基金，将该基金成员的捐赠基金汇集起来进行专业化的管理和投资，它至今仍是一家业绩优良的以管理大学及其基金会为主的资产管理公司。[②]

根据国税局2006年合规性项目的调查报告显示，大多数学院和大学仍利用投资委员会来监管自己的捐赠基金，选择外部利益相关方或雇用外部投资顾问参与管理捐赠基金投资的情况也很常见。通常情况下，只有拥有超大规模捐赠基金的大学才会雇用专业的投资人士或外包给投资公司进行运作。随着捐赠基金对大学财政的重要性与日俱增，投资活动越来越复杂化、专业化，大学普遍意识到高度专业化的投资队伍是确保大学捐赠基金投资业绩和成功运作的关键。

[①] 参见 William L. Cary & Craig B. Bright, The Developing Law of Endowment Funds: "The Law and the Lore" revisited, 1974.

[②] 参见杨坦等:《大学捐赠基金的运作与管理模式研究》，上海交通大学出版社2017年版，第8—9页。

第二节　谨慎投资者规则

如何界定大学捐赠基金的投资者责任？这个问题直接影响着投资行为进而影响捐赠基金的投资效益，过于严苛将使投资者裹足不前，过于宽松又会放纵投机冒险行为，而衡量投资者是否应承担个人责任的标准则是关键。2006 年，全美统一州法委员会制定的《统一机构基金谨慎管理法》（UPMIFA）取代了 1972 年制定的《统一机构基金管理法》（UMIFA）。截至 2014 年，该法已被除宾夕法尼亚州和波多黎各州以外的其他各州所采纳。该法将谨慎投资者规则与现代投资组合理论融为一体，授权机构基金可以向外部机构进行投资，并改进了捐赠人限制的相关规定。谨慎投资者规则是专业基金管理的基本原则，规定受托人必须作为一个谨慎的人，为委托人的资金寻求合理的收入，实现保本增值，避免投机性投资。该规则对捐赠基金的意义在于，它为受托人和法院在管理捐赠基金投资决策过程中提供了指导准则。

UPMIFA 和 UMIFA 适用的是商业判断谨慎标准，简单地讲就是投资者只要能够证明自己已"谨慎"从事就可以免责，当然是否做到了"谨慎"还要由法院根据具体情形来解释和判定。法律要求大学捐赠基金的投资者在维持资产购买力的前提下谨慎地选择投资方式、种类和比例，与投资有关的财务信息应定期或不定期地被税务稽查部门审查，并必须遵守相关的财务会计和审计标准。与 UMIFA 相比，UPMIFA 在诸多规定上都体现了与时俱进的特点，主要有以下七点：

（1）投资自由。机构基金的管理人可以寻求各类投资组合，而不受资产种类的限制，这一规定放宽了UMIFA对投资种类及比例的限制，使得投资更加灵活多样。

（2）投资成本。机构基金的管理人必须以与资产、机构宗旨和专业技能相应的方式谨慎地管理投资成本，而在UMIFA里没有提及这一点。

（3）基金支出。UPMIFA明确规定，管理人有权在综合性的谨慎标准下作出与慈善机构整体经济形势相关的总回报支出决策，UMIFA没有此项标准。

（4）取消"历史价值"的限制性规定。UMIFA规定机构基金的支出不得超出"历史价值"，而UPMIFA则取消了这一规定。

（5）设定7%规则。UPMIFA建议各州可以选择采纳此项规则，即超过总回报支出的7%被视为"非谨慎"。

（6）取消对解散小规模机构资金的程序性限制。UPMIFA为解散小规模机构基金（指的是在很长一段时期如20年内持有少于2.5万美元的基金）提供了更简化的法律程序，要求在解散前60天告知州检察长即可。

（7）适用范围。UPMIFA适用于以任何形式持有的资金，包括非营利法人形式。除了慈善信托以外，也适用于商业或个人的受托人。这比UMIFA规定的适用范围要宽泛得多。

全美高等院校行政事务官员理事会（NACUBO）建议各州和高等院校遵循UPMIFA，并阐述理由如下：（1）该法确保了以最佳的投资实践来管理机构基金的实际投资；（2）该法撤销了总回报支出的过时规则，提供了与管理投资实践相一致的现代谨慎规则；（3）该法将同样的规则适用于所有基金，消除了不同类型非营利组织在适用投资和支出规则上的差异；（4）该法在鼓励机构资金增长的同时，消除了威胁本金的投资风险；（5）该法确保了任何机构基金有足够的资产满足项目所需；（6）该法统一了各州监管机构基金的立法。

就投资者的谨慎标准而言，UPMIFA反映了信托和法人对机构基金管理者适用标准的融合，立法上吸收了经修订的《非营利法人示范法》（The Revised Model Nonprofit Corporation Act, RMNCA）和《统一谨慎投资者法》（The Uniform Prudent Investor Act, UPIA）的文字表述，如要求"每一个对管理和投资机构基金负有责任的人应当以一个普通谨慎人在类似情形下所采取的善意和注意来管理和投资机构基金"，这项规定源自RMNCA的商业判断标准，但"类似情形"指的是管理基金的事实是为了慈善目的而非商业目的。UPMIFA的谨慎标准要求管理者履行信托注意义务、成本最小化责任和与投资决定相关的调查义务。另外，它还要求慈善基金的管理者考虑一般的经济状况，基于投资组合作决策，分配整个投资组合的风险和回报，综合考虑慈善组织分配和保留资本的需要。慈善组织可以为了管理和投资而储备资金，在某些情况下这么做能产生更好的投资回报。管理者应当注意捐赠人的目的，服从任何特定的捐赠人关于投资和管理资产的要求，当然强调捐赠人的目的并不意味着任何捐赠人都能够实际控制慈善组织的管理。

UPMIFA规定了一个管理者应当考虑的特殊因素，这些因素源自1994年《统一谨慎投资者法》的规定并与现行法律下的实践做法相一致。UPMIFA第三章（b）款规定："在管理和投资机构基金时，以下因素，如相关，必须考虑：（A）一般经济条件；（B）通胀或通缩的可能影响；（C）如果有的话，投资决策和战略预期产生的税务影响；（D）每一项投资或行动方针在整个投资组合中所扮演的角色；（E）预期的总收入回报和投资升值；（F）机构的其他资源；（G）机构的需要与分配及保留的资金；（H）如果有的话，一项与机构的慈善目的存在特殊关系或特殊价值的资产。"但是，UPIA的标准仅适用于私人的和慈善的受托人而不适用于非营利法人，

UPMIFA 使该标准成为适用于所有慈善组织的投资规则，而不论其慈善组织的实体状况如何。① 也就是说，尽管适用于私人信托和商业公司的法律对受托人和董事有不同的注意义务标准，但对所有管理慈善基金的人来讲应当是一视同仁的，适用 UPMIFA 时不需要再考虑这些慈善组织的实体形式。另外，UPMIFA 在第三章（e）条第（2）款还有关于个别资产的投资决定不孤立于整个投资组合的内容，但项目相关资产（即主要为了完成慈善目的而不是产生投资回报的资产）除外；UPMIFA 第三章（e）条第（1）款第（H）项建议，一项与机构慈善目的存在特殊关系的投资资产被视为管理和投资机构基金。

第三节　投资策略的选择

投资政策陈述（Investment Policy Statement）能够帮助所有的利益相关者理解大学捐赠基金的投资策略和目标。好的投资政策陈述应当包括清晰的表达，比如重要的资产种类、投资成本、特殊的投资目标（回报率、支出规则）、业绩基准、收支平衡政策以及任何伦理或社会责任准则等。

国税局在针对学院和大学的合规性项目调查中要求高等院校就捐赠基金的投资种类、比例和收益作详尽的汇报备案。根据中期报告显示，截至 2006 年，大学捐赠基金的投资类别主要包括五种：另类投资（包括对冲

---

① 参见 Gordon Beeman, Uniform Prudent Management of Institutional Funds Act, *NACUANOTES,* Vol.7 No.1（September 24, 2008）.

基金、私募股权基金、风险投资基金、自然资源投资、其他另类投资）、固定收益基金、股权基金、其他投资（包括房地产、国际基金、现金和其他）和国外投资。[①] 这与全美高等院校行政事务官员理事会（NACUBO）的年度大学捐赠基金统计的资产配置类别有些许差异，主要表现在国内股市、固定收益、国际股市、另类资产（私人股权、市场选择策略、风险投资、私人资本房地产、能源和自然资源、大宗商品和期货管理、不良债权）、短期证券或现金等方面（如表7-1）。

作为首个明确谨慎投资者规则的立法，UMIFA规定捐赠基金的受托人必须考虑通货膨胀影响，致力于实现保持基金购买力的目标。同时，它允许捐赠基金投资于任何一种资产，为了投资目的而储备基金，并将投资管理的职责授权给其他人如专业的投资顾问，只要慈善组织的投资管理委员会在作出上述决定时履行了普遍的商业注意和谨慎义务即可。投资专家，无论是内部的还是聘用的，都采用与其专业知识相一致的注意标准。

UPMIFA则开启了慈善组织管理的现代投资组合时代，为后来的实践提供了标准和指引，便于法院在具体个案中确立判断谨慎与否的标准，也有利于慈善基金（包括捐赠基金）开展项目以取得更多的资金。在现代投资组合理论的指导下，美国大学继续沿用多元化投资以分散风险，但更强调最优投资比例及最优组合规模，在确保风险最小化的同时降低管理成本，常用的投资组合管理工具有资产配置、择时和证券选择。这些投资策略和具体决策往往取决于内外部投资者的专业判断和尽责情况，但也受到不同规模的大学捐赠基金投资传统的影响。

---

① Bruce R. Hopkins, Virginia C. Gross & Thomas J. Schenkelberg, *Nonprofit Law for Colleges and Universities: Essential Questions and Answers for Officers, Directors, and Advisors*, John Wiley & Sons, Inc.,2011,pp.270–273.

表 7-1　2013 财年美国大学捐赠基金资产类别的平均回报

比例	院校总数	10 亿美元以上	501 百万—10 亿美元	101 百万—500 百万美元	51 百万—100 百万美元	25 百万—50 百万美元	25 百万美元以下
高等院校数量	835	82	70	261	166	125	131
2013 财年平均回报率	11.7	11.7	12	11.9	11.5	11.4	11.7
国内股市	20.6	21.3	21.5	20.7	20.3	19.2	20.6
固定收益	1.7	1.4	0.5	1.7	2.0	2.3	1.9
国际股市	14.6	14.9	15.6	14.4	14.7	14.9	13.1
另类资产	8.3	10.6	11	9.1	7.4	6.5	4.8
私人股权	9.1	12.5	9.8	7.3	8.9	11.8	*
市场策略选择	10.5	11.9	13.1	10.5	9.9	8.2	8.2
风险投资	6.1	9.7	3.6	5.4	3.9	*	*
私人资产房地产	8.5	8.8	9.9	9.6	4.6	8.1	*
能源和自然资源	4.7	5.5	6.8	3.9	3.8	0.3	*
大宗商品和期货管理	−6.1	−8.3	−6.1	−6.7	−5.0	−4.3	−6.4
不良债权	14.8	18	17.8	12.9	13.3	*	*
短期政权/现金/其他	1.2	0.8	0.9	1.8	0.7	0.7	1.2
短期证券	0.3	0.6	0.2	0.4	0.2	0.4	0.1
其他	5.3	*	*	6	3.0	*	5.9

（资料来源：约翰·格里斯沃尔德等人关于教育捐赠基金 2013 年财产投资回报率的研究，参见 http://www.nacubo.org/Documents/Endowment%20Files/2013NCSEPressReleaseFinal.pdf.）

　　有学者对影响近年来大学捐赠基金投资策略变化的因素进行了实证研究，认为大学捐赠基金的资产配置明显转向可替代性投资，这种投资策略的转变在很大程度上是源于对手的竞争压力，即为了达到追赶与自己最接近的竞争者的目的，它们的业绩表现差异与改变投资政策的可能性之间存在着关联。例如，在捐赠基金的规模和其他院校特征相似的情况下，竞争同一生源市场的大学倾向于采取相似的资产配置政策，而如果投资回报滞后于竞争对手时，大学将系统性地改变其资产配置。最后的结论是：在控制区域影响、规模和基金市值的条件下，大学捐赠基金对可替代性资产的分配与其邻近的竞争者和最接近的竞争者的资产配置政策有关。大学捐赠基金决定改变资产配置依赖于与对手业绩的比较，特别是对手前一至两年的投资回报与改变配置的动机之间存在正相关。总之，竞争对手捐赠基金的近期业绩影响着大学的资产配置政策和投资决策的改变，但转向可替代性投资对出于竞争压力而重新进行资产配置的大学而言究竟是好是坏不能简单判定，也许这种竞争将导致多样性情况的出现，降低市场风险和发挥经理人的投资技巧，则需要时间的检验。资产配置转变的益处可能是不同的，如果市场化可替代投资的回报得以持续，这种竞争就是一件好事，否则将花费长期的成本。①

第四节　投资顾问伦理守则

2004 年，联邦证券交易委员会颁布了《投资顾问伦理守则》（Investment Adviser Code of Ethics），内容由《投资顾问法》（The Investment Advisers Act, 1940）的 204A-1 规则（Rule 204A-1）及一系列修正案构成，包括记录保留规则、经修订的投资顾问注册表格（Form ADV）以及《投资公司法》（The Investment Company Act, 1940）的伦理规则（Rule 17j-1）等。该守则要求每一位投资顾问都必须制定一项自己的伦理守则并贯彻执行，必须

---

① William N. Goetzmann &Sharon Oster, "Competition Among University Endowments", The National Bureau of Economic Research, June 2012.

有每一位受访者（access person）① 首次公开发行和私人配售所持有证券的报告，以及提交季度交易报告的安排。

依据 Rule 204A-1 的规定，每一份投资顾问的伦理守则都必须要求投资顾问的受访者向首席执行官或其他指定的人定期报告其个人证券交易和持有状况，投资顾问负有监察的责任。这些报告包括：个人交易程序、首次公开发行和年度持有报告、季度交易报告、报告要求的豁免、可报告的证券。如果是首次公开发行和私人配售，则要求受访者在首次公开发行或私人配售前获得投资顾问的批准，仅有一位受访者的投资顾问公司除外。要求所有受投资顾问监管的人举报任何违反守则的其他人，违反行为必须被报告给投资顾问的首席执行官或守则指定的其他人，证券交易委员会敦促投资顾问营造一个鼓励和保护监管人举报违规行为的环境。此外，投资顾问有责任培训雇员和告知客户关于伦理守则的规定，执行防止滥用非公开信息资料的政策和程序、检查和执行伦理守则等。可得性记录要求投资顾问保留伦理守则的副本、违反该守则的记录及其采取的措施，保留受其监管的人接受该守则的书面确认书以及对其所作的任何修订；要求投资顾问保留其受访者的姓名及其持有证券的交易记录，保留受访者经批准决定在首次公开发行和私人配售中所得证券的记录；要求投资顾问在任何容易取得的地方保留五年的账目和记录，在适当的办公室保留最初两年的账目和记录。

Rule 17j-1 规定的内容包括：首次和年度持有报告信息必须是及时的，不超过个人成为受访者的前 35 天；如果晚于每季度结束前的 30 天，

---

① 受访者是指能够接触到任何客户购买或出售证券或者与任何可报告基金的投资组合持有相关的非公开信息以及向客户推荐或接触此类推荐的投资顾问和受其监管的人，如果投资顾问的主要义务是提供投资建议，那么所有的董事、高级职员和合伙人都被推定为受访者。

则需提交季度交易报告；受自动投资计划影响的交易有关的季度报告无需提交；"受访者"术语目前包括基金或其投资顾问的咨询人；如果公司的主营业务是投资咨询的话，那么董事、高级职员和普通合作人都被推定为受访者。[①]

总之，《投资顾问伦理守则》为经注册的投资顾问及受其监管的人设立了诸多行为标准，旨在促使投资顾问及受其监管的人履行信托责任。该守则要求他们遵守联邦证券法的相关规定，提交个人交易备案，要求投资顾问的雇员报告个人所持有的证券及交易（包括附属共同基金），要求雇员的特定投资必须获得前置审批等。要求每一位投资顾问必须制定伦理守则并保留副本和与之相关的记录，并在经修正的 ADV 表格中详细描述以告知客户。该守则敦促投资顾问在遵循公开、完整、诚实和信任的前提下尽最大的注意制定各自详尽的伦理守则。

第五节　投资的社会责任

传统上，大学在发展道德性投资和承担法人社会责任上扮演了关键的角色。早在 20 世纪 70 年代，捐赠规模最大的大学如哈佛大学、斯坦福大学和耶鲁大学等都率先创建了多元成分的委员会，以指导管理层如何以最佳方式处理有关投资的社会责任议题，例如大学师生在涉及南非种族隔离、烟草制造商和苏丹达尔富尔地区种族灭绝的撤资活动中就发挥了重要

---

① Investment Adviser Codes of Ethics, 见 http://www.sec.gov/rules/final/ia-2256.htm.

作用。1994 年，美国劳工部发出关于投资受托人责任的公告，意在阐明投资管理者的社会责任（Socially Responsible Investment，SRI），大学捐赠基金作为机构投资者的重要代表，理应参与到可持续性和负有社会责任的投资活动之中。尽管各个大学都要求捐赠基金的投资活动应遵守环保、和平、人权等基本的社会价值，不得投资包括武器制造、酒精饮料生产、烟草制造、商业赌博等在内的项目和违反有关法律规定的项目，但由于制定社会责任的投资标准及决策仍然属于大学捐赠基金的内部管理事务，各个大学根据自身规模和治理要求的不同所制定的社会责任标准也存在不小的差异，主要表现在对允许或禁止投资什么样的领域、行业和企业的限制性规定方面，一般规模越大的大学在违背社会责任的投资项目上会限制得更加宽泛也更加严格。

2012 年，美国投资责任研究中心发布了一项报告，提出了大学捐赠基金的环境、社会和治理投资标准（Environment, Social and Governance，ESG）等概念，尝试整合如共同基金、全美高等院校行政事务官员理事会（NACUBO）、可持续捐赠基金研究院（SEI）、高等教育发展促进协会（AASHE）及持续追踪评价和排名系统等机构有关社会责任投资和环境、社会和治理投资的调查数据和政策标准。表 7-2 是 2009—2011 年全美高等院校行政事务官员理事会（NACUBO）和共同基金共同发布的研究报告中所调查的上报制定有社会责任投资标准的大学比例。图 7-1 是上述机构收集的大学捐赠基金在社会责任投资方面的可获得数据分析。

表 7-2 NACUBO 报告中制定的社会责任投资标准的大学比例

报告年度	参与调查总数	环境、社会和治理投资标准	回应比例（%）
2011	823	148	18
2010	850	161	19
2009	842	178	21

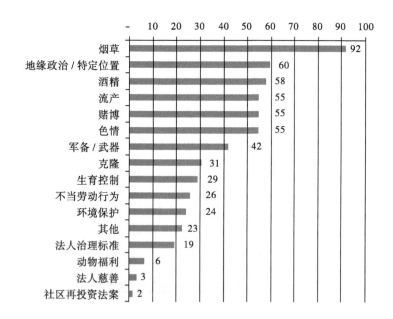

图7-1 2010年NACUBO报告高等院校社会责任投资的限制性种类

（注：表7-2是2009—2011年参与全美高等院校行政事务官员理事会调查的学院和大学中制定有社会责任投资标准或称政策的院校数量及占比。图7-1列举了社会责任投资标准下的限制性投资类别，包括烟草、地缘政治／特定位置、酒精、流产、赌博、色情、军备／武器、克隆、生育控制、不当劳动行为、环境保护、其他、法人治理标准、动物福利、法人慈善、社区再投资法案。资料来源：全美高等院校行政事务官员理事会－捐赠基金共同基金会研究，美国学院和大学捐赠基金的环境、社会和治理投资：社会责任、日持续性和利益相关者关系，投资者责任研究中心，参见http://www.irrcinstitute.org/pdf/FINAL_IRRCi_ESG_Endowments_Study_July_2012.pdf. ）

该报告指出尽管各类评级机构设定了新的监测和问责机制，但由于投资的多样性和用词的复杂化，许多大学捐赠基金定期自我报告的ESG投资政策和数据往往被夸大或者无法验证，需要采用统一的术语和概念清晰地定义ESG标准，以提高自我报告的精准度，并建立共享投资最佳实践的资源网络。大学捐赠基金应当关注利益相关者的具体需要，特别是学生和校友捐赠人，为其提供反馈信息至投资委员会或建立起能够吸纳他们投资意见的治理结构，本着诚信原则积极鼓励在涉及劳工、环境、人权和私募股权等问题的投资上以一种可持续和负责任的方式进行，将制定

ESG 投资政策作为审慎的风险管理方法而非危机管理模式，推动大学投资发挥积极的社会和环境影响。报告建议应当在以下三个方面采取积极举措：（1）将 ESG 标准纳入到大学捐赠基金的管理当中，主要包括劳工和人权风险管理、诚信投资、环境投资以及社区投资和小额贷款四个方面；（2）通过代理投票、决议备案和对话等方式吸收股东倡议和积极的所有权人参与决策；（3）提高 ESG 投资的治理水平与透明度，建立投资者责任委员会、学生基金和透明度政策。[①]

　　负责任的捐赠基金联盟（Responsible Endowment Coalition）为学院和大学制定了将环境、社会和治理责任纳入机构投资政策的指导手册。该手册指出，大学捐赠基金无论是慈善信托还是非营利法人，在法律上受托人或董事承担的都是信托责任，这是由各州关于慈善信托的普通法和适用UMIFA（1972）、UPMIFA（2006）明确规定的，比如《信托法重述（三）》规定受托人有权考虑投资的社会影响——如果这样的考虑是适当的话——因为这符合捐赠人的慈善目的及对受托人的信任。上述法律所确立的商业判断标准或谨慎投资者规则虽然赋予了受托人或董事很大的自由度，但都隐含着要求他们考虑投资决定可能的社会影响，要求结合风险和回报目标制定和实施合理的投资策略，并不允许以不利于慈善目的的方式使用资金。换言之，当涉及人权、环境和社区相关的投资问题时，受托人应根据谨慎投资者标准或商业判断标准，在整个投资组合范围内考虑风险和收益，即使不能直接推进大学的经济利益即带来更大回报，也要以适当的程序寻求公开，促进大学服务于社会的使命和宗旨，并符合国内外法律和商业惯例，最大限度地减少诉讼及其他风险。从长远来看，获得最高

---

① Joshua Humphreys, Ann Solomon, Christi Electris, Catherine Ferrara, Environmental, Social and Governance Investing by College and University Endowments in the United States: Social Responsibility, Sustainability, and Stakeholder Relations, 见 http://irrcinstituteorg/.

的利润并非真正意义上的成功，一个组织尤其是慈善组织只有承担社会责任才更有可能获得成功。该手册提供了负责任的大学捐赠基金投资委员会应当具备的五项要素，即参与、透明度、时间和资源投入、治理结构以及明确而广泛的授权。[①]

许多大学就捐赠基金的 ESG 投资制定了相关政策和程序。以耶鲁大学为例，早在 1972 年该校就采用了伦理投资者指引，承诺机构的捐赠基金投资组合将履行伦理责任。尽管大学捐赠基金的投资种类日益增多并复杂化，但耶鲁大学始终秉持对环境、社会责任和法人治理结构的价值观，并建立起了一种适应现代大学捐赠基金的投资者责任顾问委员会（ACIR）管理模式。该模式重申了将 ESG 标准纳入大学捐赠基金投资政策的价值，创新了所谓超越筛选和撤资的"积极的所有权"或"负责任的参与"，使用其作为投资者的权力在世界范围内提高社会和环境标准，即采取策略超越股东会决议投票的形式，通过与管理层的对话和会议，寻求解决途径而不产生坏的公众影响和对投资回报的负面冲击。ACIR 为适应现时的伦理机构投资标准，发生了两个方面的重要变化：一是每年积极筛选出违反耶鲁价值的捐赠基金持有股份的公司；二是追求积极参与策略以提升捐赠基金持有股份公司的社会和环境标准。为此，ACIR 扩大接触面，包括执行委员会、第三方审计师和顾问、捐赠基金所持有股份的公司、投资办公室等，以及扩充能够代表耶鲁社区的成员。最后，ACIR 通过扩大能够接触到的信息及途径并适当公开和有效监管以提升透明度，同时要求新的成员结构及其任期与问责以推进与投资办公室和治理委员会的交流。[②] 随

---

① Integrating Environmental, Social and Governance Issues into Institutional Investment: A Handbook for Colleges and Universities, 见 http://www.endowmentethics.org/.

② Responsible Returns: A Modern Approach to Ethical Investing for the Yale Endowment, July 22, 2009, 见 http://www.ResponsibleEndowment.com.

即，耶鲁大学提出了 ACIR 现代的负责任投资框架，包括四个部分，即：委员会成员结构；负责任的投资信息收集与披露；发展行动计划（包括推进公开会议、在线提交关注议题表格、投资者网络、确定倡议的焦点领域）以及有效的变革。[①]

---

① Realizing Responsibility: A Modern Responsible Investment Framework for the Yale Advisory Committee on Investor Responsibility, December 8, 2010, 见 http://investment.yale.edu/social-responsibility/.

第八章　美国大学捐赠基金分配支出政策

大学捐赠基金的分配支出主要用于学生经济资助、教师研究、设施维护和学校其他运营等方面。之所以说是政策，是因为法律上并没有对大学捐赠基金的分配支出作强制性规定，而是交由管理捐赠基金的机构自己决定，包括支出项目、支出比例和决定程序等。特殊情形下，机构会偏离既定的分配支出政策，比如 2008—2009 年金融危机给大学捐赠基金投资造成巨大冲击。最近几年，随着大学学费上涨和政府资助减少，大学捐赠基金的支出比例又成为最具争议性的话题，公众指责高等院校囤积巨额捐赠基金用于投资而非支持学校发展，甚至发起了要求对大学捐赠基金采取类似于私人基金会 5% 强制性支出比例的立法动议。

第一节　分配支出政策制定

2009 年金融危机对美国大学捐赠基金投资造成了巨大冲击，截至 2009 年 6 月 30 日，大学捐赠基金平均下降了 18.7%，超过 10 亿美元捐赠基金的机构降幅更大即 20.5%；平均支出比率则为 4.4%，但仍有 43% 的高等教育机构增加了支出比例。从投资种类及收益来看，投资回报率明显下降主要是另类投资表现不佳、债务上升以及慈善捐款减少等因素所致。然而，截至 2010 年 6 月 30 日，上述问题得到了明显改善，大学捐赠基金 2010 财年的平均净回报率上升至 11.9%，在所有主要资产类别中，除了房地产外，其他投资回报率都是正值，最高的来自于国内股市，涨幅为 15.6%。大学捐赠基金的平均有效支出率为 4.5%，且慈善捐赠水平有所提高。1990—2009 年，与美国大学捐赠基金的市场价值波动比较而言，分配支出所占比例的变化幅度较小且相对平稳（如图 8-1）。

绝大多数高等院校都设定了捐赠基金的目标支出率，它是根据每一财年大学捐赠基金平均市场价值（减去管理费用净值之后）、当期投资收益及往年支出水平等因素而确定的，目前，各个机构都根据自身实际状况采取了不同的计算方式，并未达成完全的一致。根据 NACUBO 研究报告数据显示，2014 年参与研究的高等教育机构中有 92% 制定了目标支出率，总体在 4.7%—4.9% 的范围内浮动，不同规模的高等院校中 90% 左右都达到了预先设定的目标支出率。支出率（支出比例）被视为衡量大学捐

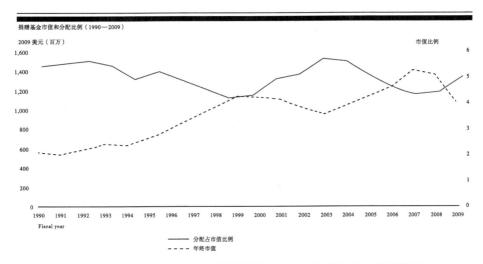

图 8-1　1990—2009 年大学捐赠基金的市场价值及分配比例变化

（资料来源于美国政府问责办公室发布的院校数据案例分析。）

赠基金对大学运营经费贡献程度的重要指标。同时，它也最集中地反映了大学捐赠基金所有利益相关者不同诉求，比如捐赠人希望管理者能够严格遵循自己的慈善意图使用基金，管理者尤其是投资委员会希望通过投资实现捐赠基金的增值最大化而尽可能降低成本与支出，大学及其师生则希望捐赠基金不断增加对学校的年度活动经费、研究项目、教授席位及奖学金和助学金的支持力度。因此，制定捐赠基金的支出政策特别是确定支出比例时要考虑平衡各方利益，在合理地满足需求的基础上又能应对随时可能出现的经济衰退与通胀压力。支出比例一般建立在多年捐赠基金的平均市场价值基础之上，各个院校制定了不同的计算方法和支出政策：（1）一所学校的政策是，未来一年的分配率应该是该捐赠基金前三年平均市场价值的5%；（2）另一项政策依据的是捐赠基金前三年每季度的平均市场价值；（3）还有一项政策是根据过去十年的高等教育通货膨胀率计算得出捐赠基金支出的增长百分比。同时，大学还应考虑自身是否做好了应对市场衰退期的准备，计算支出比例的平滑规则或其他替代方案是否能缓和在基金市值下跌的情况下对支出减少的冲击。

格奥尔格（Georg Cejnek）等人指出大学捐赠基金的治理结构、资产配置、投资风险与回报以及支出之间有着紧密的链接。2011财年捐赠基金对大学运营预算的贡献率平均为9.2%，规模较大的基金甚至达到16.9%，依赖的是捐赠基金市值平均4.6%的支出，规模较大的基金支出率达到了5.2%。换言之，捐赠基金市值的变化可以通过每年支出比例的变化对大学运营产生持续的影响。2001—2011年，尽管投资组合表现和基金规模发生了不小的变化，但支出比例呈现出相当稳定的表现，始终在4.3%—5.1%的范围内浮动。另外，当前各个大学采用的支出规则不一，例如限制固定比例、基于通货膨胀、适用平滑规则以及混合型的耶鲁规则和斯坦福规则。第四种混合型规则中，以耶鲁为例，首先是经通胀率调整后的上年度支出的 80%，然后适用目标支出率即捐赠基金当年市值的 20%，这种计算方式在减少了支出波动性的同时也确保了支出未影响长期的基金市值；斯坦福规则是前一年投资组合支出的 60% 和支出率乘以基金市值后的 40%。[①]

大学捐赠基金支出的范围和用途最常见的是发放奖学金、奖励和贷款，其次是支持通识教育和图书馆，再一个重要的用途是为讲席和教授职位而服务，还包括支持研究、公共服务和行政性支持等。控制捐赠基金分配最常见的方式是通过报告（月报、季报或年报）或者对分配进行审计，当然也有其他的方法，以确保捐赠基金达成预期目标。如果从捐赠基金中支出的部分在当下财政年度中未得到使用，最常见的做法则是申请将未使用的数额转移至下一年，或者将未使用的数额返回到捐赠基金中，也有学院和大学将未使用的数额放入到其一般性运营账户之中。

美国政府问责办公室（GAO）2010 年发布了一份关于学院和大学捐赠基金的报告，来自案例研究的机构数据表明，大学捐赠基金收入（有的也包括本金）如何分配和支出在很大程度上受到捐赠者规定条款的限制，有一些限制是"广义上的"，比如指定用于学生资助或院系发展，但也有一些限制是"相当具体的"，比如为某个社群的学生提供奖学金资助等。尽管捐赠基金的使用在一般情况下受到限制，但是高等院校仍然不得不决定每年如何从基金中分配支出。在该报告所涉及的研究个案中，高级管理人员告诉 GAO 决定其分配政策的两个重要因素是：第一，他们需要保护捐赠基金的购买力以满足今天的学生和未来的学生能够从中获益，即代际公平；第二，他们需要避免每年的分配发生巨大波动。在所调查的大

[①] Cejnek G., et al, "A Survey of University Endowment Management Research", *Ssrn Electronic Journal*, 2013.

学中，以"平稳市场波动的影响和确保各项用途稳定的资金流"为目的机制，它们基本都将分配建立在捐赠基金多年市值的基础之上。[①]总而言之，大学捐赠基金分配支出政策的变化往往取决于三个因素：捐赠基金的规模大小、实际支出水平和投资组合回报。大学捐赠基金的管理层在制定支出政策与比例时应充分考虑捐赠基金的慈善目的、管理的核心目标以及运营的实际需要，始终本着谨慎管理的原则进行决策和行动。

第二节 UPMIFA 相关规定

法律对大学捐赠基金的分配支出政策仅作了原则性规定，主要是基于捐赠基金源于捐赠人慈善目的的考虑以及利益相关者的诉求，但对具体支出比例没有作明确要求。立法和监管层面是否应当介入以及介入程度如何都需要谨慎地考量，因为毕竟其更多属于捐赠基金的内部管理业务。但是，为了回应公众对机构基金（包括大学捐赠基金）支出是否恰当的质疑，《统一机构基金谨慎管理法》（UPMIFA，2006）对此作了原则性的规定。该法起草委员会在对法案所作解释中说道，UPMIFA 要求作出捐赠基金支出决策的人应立足于捐赠基金的目的。当机构考虑基金的目的和期限时，主要考虑的是捐赠人期望基金永久保留的目的。尽管法案没有明确规定基金管理应遵循代际公平的原则，但是法案认为机构作出支出决定时已

---

① 参见 Postsecondary Education: College and University Endowments Have Shown Long-Term Growth, While Size, Restrictions, and Distributions Vary, 见 http://www.gao.gov/products/GAO–10–393.

经考虑到了这些原则，例如保持捐赠基金的购买力。UPMIFA 允许机构适当地支出或积累捐赠基金，只要董事会谨慎决定即可，谨慎的标准与投资者谨慎规则所要求作出决定时需考虑的因素一致。①

具体来讲，UPMIFA 对基金支出的规定有较大变化，具体表现在以下四个方面：

第一，管理人有权在综合性的谨慎标准下作出与慈善机构整体经济形势相关的总回报支出决策，将支出管理纳入符合现代投资组合实践的谨慎投资者规则体系之中。

第二，取消了原 UMIFA 规定的机构基金支出不得超出"历史价值"（HDV）的限制，因为 HDV 规定的净值限制在市场不景气时带来太多阻碍，在牛市时又没有什么实际意义。UPMIFA 以更为复杂的支出规则替代 HDV，但要求管理者应"谨慎地"支出，包括考虑以下因素：捐赠基金的期限及保存、捐赠基金及机构的目的、整体经济状况、通胀和通缩的可能性影响、预期收益及投资增值、机构的其他资源以及机构的投资政策。

第三，建议各州自行选择是否采纳 7% 的支出比例限制。UPMIFA 规定超过捐赠基金市值 7% 的支出将被视为"不谨慎"，但这也要视具体情况而定，不过无论支出比例是否超过 7%，过高的管理费用和成本都会被视为"不谨慎"。对于低于 200 万美元的小规模基金，UPMIFA 规定如果其支出会使基金规模低于历史价值，就必须通知州检察长，由后者监督并保证机构能够谨慎支出，这是为了帮助投资处于起步阶段及支出非常有限的小规模基金规避风险。

第四，强调在尊重捐赠人建立基金的原始目的的前提下，提出在特

---

① Endowment Spending: Building a Stronger Policy Framework, October 2010, 见 https://www.commonfund.org/InvestorResources/Publications/White%20Papers/Whitepaper_Endowment%20Spending%20-%20Building%20a%20Stronger%20Policy%20Framework.pdf.

定情形下允许修改捐赠人对基金支出设定的限制性条款，但要求管理者以"谨慎"为限，同时兼顾基金建立的原始目的、经济状况和保持购买力等因素。该法起草委员会在解释此部分时，指出尽管法案没有要求搁置特定数量资金作为"本金"，但假定慈善组织会采取保留本金的行为，如为了维持捐赠资金的购买力而根据投资业绩和总体经济形势制定合理的支出率来作出年度分配以支出收益的部分。

总之，以上规定使得机构基金尤其是捐赠基金的管理者能够更加灵活地制定支出政策，以满足当前和未来的支出需要，但这并不意味着允许毫无节制地支出或囤积资金，而是为了更好地响应基金市值不停波动的现实和现代投资组合的策略需要。值得一提的是，私立院校在捐赠基金支出方面往往比公立院校有更大的控制权，这是由它们只适用 UPMIFA 所决定的，而公立院校尤其是州立公立大学还要受到州法相关规定的要求。

第三节　支出审查及立法动议

法律监管部门要求大学和学院在年度报告中提供有关分配政策和支出比例的详细信息，主要用于了解和评估实际情况。另外，国税局在针对学院和大学的合规性项目调查中，专门就大学捐赠基金的支出问题提出如下要求：（1）是否有经过投资委员会或董事会通过的目标支出率？（2）目标支出率是多少？（3）是否达到了制定的目标支出率？（4）各项支出分配的用途是什么？（5）是否监管捐赠基金的分配以确保其用于特定的目的？（6）如何监管捐赠基金的分配？（7）对当年未被使用的支出如何处理？调查结果显示，截至 2006 财年，79% 的大学投资委员会制定了捐赠基金的目标支出率，平均为 5%，其中 90% 都达到了预期的目标支出率。在捐赠基金分配中，56% 用于奖学金、奖项、助学金或贷款，29% 用于大学常规运营，其他则用于图书馆或教育性支持、教授席位、学术研究和公共服务等。98% 的大学会对捐赠基金的分配进行监督，以确保它们反映捐赠人的意图，其中 86% 是通过报告的形式，54% 是通过财务审计的形式。对于未被使用的支出，一般做法是延后到来年使用或返还未使用部分到捐赠基金中。总的来讲，从提供数据的调查对象来看，绝大多数捐赠基金的分配都在捐赠人设立限制条款下按特定目的使用，有的限制用词宽泛，有的限制则指向明确。

经过上述调查，政府监管部门认为有以下四种解决方法可供选择：一是信息披露，通过公布高等教育机构更多相关信息，比如将国税局填报表格和教育部报告以一种简单可行的方式放在互联网上，告知捐赠人其资金被用于何处，对高等院校施压要求其解释或回应公众关心的问题，如高涨的学费。二是采取税收惩罚，要求高等教育机构分配更多捐赠基金用于补偿上涨的学费成本，制定类似于私人基金会 5% 的强制性支出比例。三是强制征税，建议如果机构增加的学费超出恰当比例，就对其征收诸如通货膨胀或消费价格税。四是采用一种合适的税制，使大学捐赠基金的支出用于维持生均成本和学费等分配项目。[①]

目前，最具代表性的改革动议是在法律层面对大学捐赠基金设置强制

---

① 参见 Bruce R. Hopkins, Virginia C. Gross & Thomas J. Schenkelberg, *Nonprofit Law for Colleges and Universities: Essential Questions and Answers for Officers, Directors, and Advisors*, John Wiley & Sons, Inc., 2011,pp. 276–280.

性的支出规定。① 早在 20 世纪 90 年代末，唐纳·巴施（Donal L. Basch）的研究就指出 1989—1995 年大学捐赠基金的支出比例呈显著下降的趋势，而捐赠基金市值却有明显的增长，这随即引发了对大学捐赠基金实际支出率是否低于最优支出率的讨论，也导致了监管部门对大学捐赠基金支出比例和政策的严格审查。一份题为《大学捐赠基金分析》（The University Endowment Analysis）的问卷调查了捐赠基金规模超过 10 亿美元的 62 所高等院校，结果显示捐赠基金扣除支出后的收益增长率显著超过了学费上涨幅度和对学生支持的增长率。面对有的人争论大学捐赠基金增长巨大，但在用于减少入学成本上却没有同步增长的现象，参议院财政委员会的领导层在 2007 年给财政部部长的信中写道，慈善机构将捐赠基金以数十亿美元计存在银行，或像现在更多地投资在开曼群岛上，而仅为组织的慈善目标提供几分钱。一些人认为大学捐赠基金投资增长巨大，同时享受免税待遇和吸引大额捐赠，却没有在支持学费和大学运营方面有所增加，拥有总量超过 10 亿美元的大学捐赠基金平均支出率仅为 4.6%。

究竟是否应对大学捐赠基金适用强制性支出规则呢？有人提出为了聚焦提高补助金和维持稳定的学费，应对规模较大（5 亿美元或 10 亿美元

---

① 所谓强制性支出规定，一般指的是私人基金会必须在每一财政年度分配特定比例的金钱或财产用于慈善目的，比如将资产捐赠给其他公共慈善机构等，这样规定的主要目的是强制私人基金会实现资产的慈善用途和社会价值。私人基金会可以根据自身每年可分配的资金数量计算预算支出，其数额通常是最低投资回报加上特定的额外数量再减去不相关业务收入税和当年净投资收入消费税后的总和。私人基金会的最低投资回报基本上是非慈善资产的 5% 减去任何未偿还债务后的价值。这一数额通常必须以捐赠或其他慈善目的的形式进行分配，被称为"合格的分配"。但是，该规定有一项例外，即为了特定的未来慈善项目而保留或搁置资产不用于当前支出，可以被视为私人基金会为符合强制性支出目的而作出的合格分配，但该资产应在不超过 60 个月期限内经常性地支付给特定的慈善项目。如果一个私人基金会未能及时地满足强制性支出的要求，且不及时修正，将面临被征收每一年或不足一年的未分配数额 30% 的消费税的惩罚。如果私人基金会自收到国税局正式通知之日起 90 天内未能弥补不足的分配，还将面临一项额外的 100% 征税的惩罚。

以上）的大学捐赠基金，以生均拥有捐赠基金比例或者等于甚至超过 5%
的比例设定支出下限，但要以不超过投资收益为限。然而，大多数的大学
捐赠基金管理者却认为在法律上明确设定支出比例是不妥的，大学可以通
过制定符合自身情况的支出政策来灵活地确定支出比例，这属于内部治
理，立法者不应过多地干预；而且大学之间在捐赠基金类型和支出模式方
面存在较大的差异，每一所大学都必须依据自身特殊的当前运营需要和捐
赠基金的增长态势来确定和评价其近期使用基金的情况，立法者不宜对所
有大学采取整齐划一的标准和要求，但是督促大学审查捐赠基金支出是否
足以支持自身运营却是必要的。[1] 反对者还认为，强制性支出要求会产生
误导，多样化的支出政策选择对不同院校而言是至关重要的。考虑到支出
要求主要针对的是大型捐赠基金，有的人辩称从历史上大型捐赠基金更有
可能提供强劲的财政支持和应对学费涨幅，如果不考虑捐赠基金的规模而
将支出要求统一适用于所有基金，那么将给小型捐赠基金的机构造成更大
的负担。也有人提出质疑，私人基金会（大多数是非运作型基金会）5%
的支出率被证实有效性更低，因此设置固定的比例可能更像天花板而非地
板，引导原本支出可能超过 5% 的机构仅仅为了迎合这一要求而不再增加
支出。例如 2007—2009 年的平均支出率较高，对大型独立基金会而言，
预估支出率的中位数是 5.8%，实际却达到了 8.6%。2011 年按照 5% 的
分配水平预估支出率的中位数是 5.2%，因此一般基金会的支出率都低于
5.2%。亚历山大·沃尔夫针对指责大学囤积财富而不用于当前学生需要的
批评，以及联邦和州对大学捐赠基金进行征税调整的立法审查，提出 5%
的支出要求不应被立法采纳，理由是强制性支出并不会提高大学的运营能

---

[1] 参见 Donal L. Basch, "Changes in the Endowment Spending of Private College in the Early 1990s", *The Journal of Higher Education*, Vol. 70. No.3（1999）,pp.278-308.

力，将大学捐赠基金与私人基金会做类比是不恰当的，强制性支出只会有损于大学回应经济波动的能力，损害美国大学国际卓越性以及长期的支出削减，也违背了大学自治和学术自由的原则。[①] 亨利·汉斯曼认为，大学捐赠基金为实现代际公平和缓冲金融冲击而积累资金，这有助于确保高等教育机构长期的声誉资本、维护学术自治和传递价值，除非大学积累的比例和支出的模式并没有考虑所持有捐赠基金的最终目的，况且有关争论和调查数据显示，捐赠基金被积累的原因和管理方式还不甚明确，因此建议改变立法还为时过早，尤其是在对大学合理地积累捐赠基金的行为作出限制这一点上。[②]

迄今为止，尚没有任何联邦和州层面的立法正式确认对大学捐赠基金适用强制性支出规则，除了一项由众议院韦尔奇（Welch）短暂介绍而又马上收回的高等教育法修正案，但是这些争议仍有可能影响未来的立法。近年来，尽管政府监管部门加强了对学院和大学捐赠基金的运营及财务状况的审查，但围绕大学捐赠基金支出率偏低的一系列听证会和圆桌会议仍旧引发了对大学捐赠基金免税身份和待遇进行税制改革的立法动议。2015年，国会研究服务局出台的一份报告指出，高等院校保留捐赠基金用于支持机构活动，不仅使用投资资金也使用现金或财产，目前的税法对捐赠基金及其资产的积累是有益的，如捐赠基金的投资收入可免于缴纳联邦收入所得税的规定，纳税者向大学捐赠的资金也能获得收入所得税的抵扣，至于如何讨论改变大学捐赠基金的税收待遇，不仅需要详细了解捐赠基金的

---

① 参见 Alexander M. Wolf, "The Problems with Payouts: Assessing the Proposal for A Mandatory Distribution Requirement for University Endowments", *Harvard Journal on Legislation*, Vol. 48, No.13 (2011), pp.591–622.

② 参见 Henry Hansmann, "Why Do Universities Have Endowments"? *The Journal of Legal Studies*, Vol. 19, No. 1 (1990), pp.3–42.

背景信息，而且应考虑更多样化的政策目标，比如要明确修正当前的税收法案是为了增加联邦政府的税收收入，还是为了鼓励大学捐赠基金将更多的支出用于特定目的，比如学费资助。辨别这些与捐赠基金有关的税收政策目标有助于为特定的政策选择提供信息。最重要的是能够对各种可供选择的不同方案进行比较和探讨。① 具体表现如下：

第一种，采取类似于私人基金会的强制性支出要求，规定每年支出捐赠基金某一特定比例用于慈善活动。但是，这一要求适用的对象是某些特定的捐赠基金，比如捐赠基金规模超过 5 亿美元以上或生均持有率达到一定比例等；支出要求还可以与学费水平、学生需求指标或联邦学生资助标准挂钩。

第二种，对捐赠基金的投资收入征税，但对此也有许多不同的方法来设计方案，比如该税种仅适用于特定规模的捐赠基金，或者学费增长达到特定比例（比如高于通货膨胀率）且拥有巨额捐赠基金的高等院校。捐赠基金的收入可以适用类似于免税组织不相关商业收入税的最高税率35%，或者类似于私人基金会投资净收益的2%（如果慈善分配超过历史平均水平，则该税率降低到1%）。

第三种，对向捐赠基金的特定捐赠予以慈善税收抵扣的限制。捐赠者一旦向捐赠基金作出捐赠就立即申请慈善抵扣，即使该捐赠并没有立刻被用于慈善目的。捐赠给大学捐赠基金的资金经常要经过很长时间才能被使用，减少历时较长或者不立即用于慈善目的的慈善捐赠抵扣价值，可以改变与捐赠基金有关的捐赠动机。如果对限制性或附期限的慈善捐赠抵扣采取限制，那么将降低这类捐赠的税收刺激。纳税人可以选择非限制性捐

---

① 参见Molly F. Sherlock, Jane G. Gravelle, Margor L. Crandall-Hollick & Jeffrey M. Stupak, "College and University Endowments: Overview and Tax Policy Options", *Congressional Research Service*, December 2, 2015.

赠，即改变捐赠的形式。另一种方式是出于促进捐赠支出的目的而对捐赠加以限制，例如一项捐赠期望支持十年的教育活动，那么就需要作出一些调整来反映通货膨胀的事实，即要考虑今天的一美元未来是否还值一美元。

第四种，改变捐赠基金经常采用的债务融资投资手段的税收待遇等。以改变特定的离岸投资政策为例，有些人指出大学捐赠基金资产增加的部分被投资于可替代性策略，特别是对冲基金，引发了对使用离岸公司逃避不相关商业收入所得税的焦虑。采用离岸公司逃避不相关商业收入所得税的能力在债务融资投资问题上制造了国内与国外相分离的两种税收待遇。一些人也希望现行法律创造一种激励机制以增加捐赠基金的水平，即在经济衰退期强制减少支出。

当然，保持现有的捐赠基金税收待遇也不失为一种选择。2017年底，NACUBO向会员院校发出一份倡议，呼吁校长、教职员工、学生及家长等群体高度重视政府拟通过的税改方案，指出方案通过后高等院校将会深受影响。就捐赠基金而言，根据减税和就业法案的建议（H.R.1 Proposal），私立院校捐赠基金的投资收益将被征收1.4%的税。尽管这一规定仅仅适用于学生人数至少在500人以上和上一财年捐赠基金市场价值至少达到全日制学生人均25万美元以上的私立院校，但NACUBO认为捐赠基金对于高等院校及其他符合国内税法典第501条（c）款（3）项规定的机构有着重要意义，代表着机构或组织对捐赠人的承诺，用收益和投资所得支持大学任务的某一方面，而且通常这一支持是持久性的。高等院校无论大小，维持捐赠基金或有所保留能够使自己应对无法预见的变化或抓住新的机会。在研究性院校，捐赠基金对学生财政资助和奖学金是至关重要的，它们也是服务于教职员工、图书馆、实验室、校园设施、学生服务和其他核心教育功能的资金来源。捐赠基金也支持研究和公众服务，例如纳米技术创新、医学研究或基于院校的青年与社区发展项目。有一种关注是税改能推进捐赠基金在学生资助上的支出，而忽略了捐赠基金在缓解学费压力的其他运营领域的支出。捐赠基金的经理人在平衡资产管理目标以确保机构未来财政所需的同时，也承担着支持学生和机构运营的法定义务。NACUBO 明确指出立法者应当拒绝这一强加给大学捐赠基金的超额税收建议，理由是它将导致所能提供给奖学金、学生服务、研究和大学运营的资金更少，它甚至还代表着一种远离联邦赋予慈善领域自由权的观点，这种自由权指的是美国人有权选择如何以及在哪里花费他们的慈善资产。①

---

① 参见 NACUBO, Tax Reform: A Call to Action for Colleges and Universities, 2017,12.

第九章　美国大学捐赠基金会计审计标准

财务报告是反映大学捐赠基金管理和效益的核心信息，一般分为内部和外部两种。前者是由大学捐赠基金管理组织内部的财务工作人员（也可以聘请外部的独立会计师）按照会计准则核算制作提交给管理层的标准化报告，以供董事会在作出管理和投资的相关决策时使用；后者以内部的财务报告为依据，应相应的监管机关和社会公众的要求以及所承担的信息披露义务而公开的财务报告，以供监管机关的检查测试和独立审计师审计之用。上述两种财务报告都必须遵循相应的会计和审计标准，这不仅是为了服务于大学捐赠基金管理层的决策需要，也是使所支持的大学能够顺利通过免税资格审查及特定项目调查所必需的。美国高等院校财务报告的会计审计标准经历了一个逐步完善的过程，财务管理的规范化要求和财务信息的披露制度对于塑造大学捐赠基金管理行业的公信力起到了至关重要的作用。

第一节　美国高等教育财务报告模式演变

提供财务报告是美国高等教育机构回应监管机构审查和社会公众问责

时所应承担的义务。国税局在审查大学及其捐赠基金管理组织的免税资格时要求大学必须提供捐赠基金的财务状况并适当地向公众公开披露。美国大学的财务报告模式和审计标准历经多年变化（如表9-1），最早可以追溯到20世纪初，至今也仍在不断变革与讨论之中，目的是不断适应时代发展的现实需求。

表9-1　美国学院和大学财务报告模式（1910年至今）

名称	年份	提出者	主要特征
卡耐基模式 （Carnegie Model）	1910	卡耐基基金会 （Carnegie Foundation）	已知的第一个为统一财务报告而作的努力；建立在特殊使用者需要的基础之上；使用不同的详细程度适应不同读者利益
阿内特模式 （Arnett Model）	1922	通识教育委员会 （The General Education Board）	安排资产负债表首先回答重要使用者的问题；全面信息披露和部门净利润
莫雷模式 （Morey Model）	1930	劳埃德·莫雷（伊利诺伊大学审计师） （Lloyd Morey） （University of Illinois Comptroller）	并非基于任何可察觉的使用者的需求；以独立的形式分别报告收入和支出
委员会模式 （Committee Model）	1930-35/ 1952-68	美国教育委员会 （The American Council on Education）	建立统一性比满足使用者需要更重要；八项基金的分解报告；将当前基金划分为非限制性和限制性基金；建议以柱状形式替代资产负债表报告；报告包含解释每一种基金平衡的变化
全美高等院校行政事务官员理事会模式 （NACUBO Model）	1974	全美高等院校行政事务官员理事会 （National Association of College and University Business Officers）	建立基金余额变动表的柱状形式；建立当前资金运作报告
非营利模式 （Nonprofit Model）	1992	财务会计标准委员会 （Financial Accounting Standards Board）	放弃了使用自平衡基金会计；包括现金流量表；披露收入与支出之间的差额；将报告要求建立在特定使用者需求基础之上

（资料来源：［美］珀特·威廉森：《未来基金：20世纪90年代院校捐赠基金管理》，共同基金会1993年版。）

1930 年，美国教育委员会发布所谓的"大学模式"，该模式要求大学在外部财务报告中详细描述各项资金的审计信息，将高等院校的财务报告模式从适用所有类型非营利组织的一般模式中分离出来，成为高等教育特有的统一财务报告标准，具有里程碑式的意义。但是，1992 年美国财务会计标准委员会（FASB）颁布了非营利组织的统一财务报告模式，很快引致许多私立大学抛弃了大学模式，而公立大学选择哪一种模式则在政府会计准则委员会（GASB）的相关研究完成时才最终确定下来。1992 年的非营利模式适用至今，FASB 又提出到了该适时作出改变的时候，他们正在考虑进行重大的变革。

纵观历史发现，政府监管部门、教育部门、大型非营利组织、行业协会和研究者个人都参与到了美国大学财务报告模式和标准的制定过程中，尽管各自的立场和出发点有所区别，但却尽可能融入了各方的观点和利益，最重要的是不管发生何种变化，各方努力的目标始终是关注使用者的需要和保持报告的一致性。① 具体来讲，使用财务报告的人希望了解大学尤其是大学捐赠基金的表现和投资的实际情况，比如以回报率或收益的构成比例等来表现，将之单元化的做法即计算和报告每单位价值及收入，这样做有助于计算其收益、增值和总回报。但是高等院校的财务报告之专业、复杂和含混，容易导致使用者尤其是捐赠人难以判断大学是如何平衡当前需要和未来可能的需要的，也难以看出捐赠基金真实的支出，或者根本不可能得到与所谓支出相悖的投资业绩数据，因为要清楚地区分捐赠基金的收益和支出及其具体数额对非知情人士是相当困难的。大部分财务报

---

① 参见 Ken W. Brown, "History of Financial Reporting Models for American Colleges and Universities: 1910 to the Present", *The Accounting Historians Journal*, Vol.20, No.2（1993），pp.1-29.

告对于使用者想要了解捐赠基金所承担的高等教育机构运营预算的比例给出了一个合理的回答，但对于该比例是否随着时间的过去上升或下降以及幅度和数额却没有给出清晰的答案。这些潜在的问题使大学尤其是捐赠基金的财务报告和审计始终处于舆论的风口浪尖之上，而适时而变的审计标准和财务报告制度能够在很大程度上规范和保护大学捐赠基金谨慎地投资和管理，以回应社会公众对大学这类免税慈善组织的质疑和拷问。

考察美国高等教育财务报告模式的历史，意义在于了解每一个重要的标志性事件所发生的或大或小的变化以及背后的动因，这样有助于我们更好地理解不同模式的大学财务报告所依据的不同理论基础及技术性问题，全面客观地评价某种模式对大学财务报告甚至整个高等教育领域的影响。相关理论研究表明，美国学院和大学的年度财务报告发生着范式的转变，传统的管家理论（Stewardship）和决策有用理论（Decision Usefulness）已经不能适应高等教育所处的社会环境，新的公共问责范式容纳了前面两种传统范式的重要特征，承认存在更广泛的受众和潜在的利益相关者，强调公平、可及性和分配应当成为衡量报告质量的重要标准，从公众问责的视角要求大学和学院的年度财务报告提供更全面的关于教学、研究和服务等方面的信息披露。[①] 这两种理论产生于经济领域公司法人的财务报告问责制，但很快就拓展到了非营利组织尤其是公共资源和慈善领域。杰文斯（Jeavons）指出，管家的概念起源于传统的宗教机构，如果管家的原意被理解的话，那么非营利组织的现代学术和管理水平将得到提升，因为管家所看管的事务比经济或财务领域要宽泛得多，真正的管家是负有不可避免

[①] 参见 David Coy, Mary Fischer & Teresa Gordon, "Public Accountability: A New Paradigm for College and University Annual Reports", *Critical Perspectives on Accounting*, Vol.12,No.1（2001）,pp.1-31.

的道德义务和责任的。^① 斯科特（Scott）提出框架的普遍原则是正义，认为会计必须平等地对待账目所覆盖财务领域内所有现实和潜在的利益相关者。支持性原则如真实和公平特别要求避免不实陈述和服务于某种特殊利益。正义和公平所关注的与管家的方向保持一致，即平衡所有者和管家（委托人和代理人）之间的利益。^② 美国会计原则委员会（Accounting Principle Board）在1970年提出了决策有用的概念，它随即被注册会计师协会（AICPA）、财务会计标准委员会（FASB）和政府会计标准委员会（GASB）相继采纳而成为财务报告的主流范式，反映了人们对财务报告目的的态度发生了根本性转变，即从传统上关注管家的管理责任转向关注财务会计报告所提供的信息是否对使用者作出经济决策具有帮助，是否提供有用的信息来评价管家和其他管理责任的有效性，还特别要求私人非营利组织和政府实体的财务报告应提供有用的信息给当前和潜在的资源供应者和其他使用者，以便他们作出关于资源分配的合理决定。但是，有学者认为决策有用理论也存在缺陷，虽然它建立在市场和合理的经济决策能带来更有效率的资源分配这一假定之上，却忽略了效率和分配影响的同时性，而且效率和资源分配的价值判断以及公平、正义的观念也是不容忽视的。^③

"公共问责"（Public Accountability）的概念最早是由政府会计标准委员会（GASB）在21世纪初提出的，它认为财务报告不仅应关注资产和收入的分配信息，更应为管理者、股东、员工、客户以及其他不确定的利益相关者提供尽可能真实有用的信息，因为广泛的公共问责和保证公众获取

---

① 参见 Jeavons T. H., "Stewardship Revisited: Secular and Sacred Views of Governance and Management", *Nonprofit and Voluntary Sector Quarterly*, Vol.23,No.2（1994）, pp.107-122.

② 参见 Scott D. R., "The Basis for Accounting Principles", *Accounting Review*, Vol. 16（1941）, pp.341-349.

③ 参见 Williams P. F., "The Legitimate Concern with Fairness", *Accounting, Organizations and Society*,Vol. 12,No.2（1987）,pp.169-189.

信息的权利能够有效地控制权力滥用。以代际公平为例,其中很重要的分配问题就不可能在没有公平概念的情况下运作,建立在经济学基础上的决策有用模式没有提供解决方案,分配议题不可能不站在道德或规范的立场予以解决。帕洛(Pallot)认为一个问责模式应当既包括个人主义也包括社群主义的视角:会计除了关心财富和收入外,也应关注信息和权力的分配。① 公共问责范式对大学的影响深刻,在公共问责框架下的大学财务报告将不会减少为利用它作出经济决定的人提供有用信息的重要性,但却意味着解除为满足特定使用者的需要而作出的不必要限制。在这种环境变革的情况下,原先大学在20世纪90年代中期提交报告的三个特点(以满足决策有用为目标的信息为主,较低水平的信息披露,忽略服务和表现)被更复杂的信息所取代,以满足对大学的公共问责目标,主要集中在以下四个方面的问责议题:(1)年度报告在满足问责目标上扮演何种角色? (2)谁是大学的利益相关者? (3)利益相关者需要或要求提供哪种信息? (4)年度报告的质量特征是什么? 大学由于它在社会上的作用,报告什么以及报告给谁成为广泛的问责对象。具有公共部门性质的大学属于公众,资金来源于公众的腰包和私人捐赠以及州的拨款,是服务于社会的。私立大学尽管接受少量的政府支持,却被赋予了相当于公共补贴的特殊税收利益。另外,许多私立大学还通过遗赠和其他捐赠积累了巨大的捐赠基金。因此,它们对当前和过去的捐赠人也负有责任。由于大学对公民生活的影响,既是大量被消耗的公共资源的服务接受者也是使用者,因此高等教育的问责义务是宽泛的,必须解决多维度的信息(法律、政治、财务等)。②

① 参见 Pallot J., "The Legitimate Concern with Fairness: A comment", *Accounting, Organizations and Society*, Vol. 16 (1991), pp.201-208.

② David Coy, Mary Fischer & Teresa Gordon, "Public Accountability: A New Paradigm for College and University Annual Reports", Critical Perspectives on Accounting, October 2001, pp.1-31, 见 http://www.idealibrary.com.

第二节　财务会计准则委员会非营利模式

美国财务会计准则委员会（FASB）成立于 1973 年，该组织一直致力于建立财务审计和报告标准，这些标准经联邦证券交易委员会授权和美国注册会计师协会（American Institute of Certified Public Accountants，AICPA）认可而具有一定的官方权威性，受其规范的财务报告为投资者、债权人、审计师和其他人提供了可信的、透明的和具有可比性的财务信息，对于经济有效运行至关重要。

1992 年，FASB 提出的非营利模式在今天仍被普遍认可并被采纳。该模式要求财务报告应陈述财务状况包括总资产、负债和整个机构的净资产，并提供简单的总结性的财务数据。这在当时对高等院校而言，意味着必须在财务报告中反映其所有资产变化包括投资等"底线"，因为报告有必要向大学的赞助者尤其是捐赠人解释其财务资源真正是什么，回答公众所关切的问题，即对一年内急剧上升的收益和大幅下降的损失的预期如何。财务报告应当将资产划分为三类，并分别明示其数量，即非限制性净资产、暂时限制性净资产、永久限制性净资产。"暂时"既包括钱被支出时的限制又包括钱被用于特定目的的限制，这些限制是由捐赠人而非捐赠基金的管理者强加的，但传统上仅指使用的限制，也就是说，捐赠人限制其指定给捐赠基金的捐赠用于支出，尽管其收益仍可以用于支出。FASB建议财务报告应提供关于捐赠人强加的限制的实质内容和数量，包括暂时限制性和永久限制性净资产及其限制的目的或支出时间或二者兼而有之。

FASB 这种简单地界定"限制性"的做法，存在些许遗憾，因为捐赠人想从报告中找出所有类型资金是否有关于目的或支出等方面的限制性条件仍存在一定困难。

在非营利模式下，捐赠基金被分为准捐赠基金和真正的捐赠基金。毫无疑问，如果捐赠人声明只有捐赠的收入部分可以支出，资本被掌握用于投资，那么此项捐赠为真正的捐赠基金。当受托人决定将一些盈余资金——不要求立即支出的收入，保留并指定作为准捐赠基金，且任何时候都可以支出，但受托人似乎没有什么方法能将盈余资金转换为真正的捐赠基金。FASB 建议将准捐赠基金归入非限制性净资产，并进一步建议在财务报告和记录中提供该信息。FASB 还关注到了积累的增值分类，1972 年《统一机构基金管理法》（UMIFA）要求一个建立在真正的捐赠基金基础上的增值部分可以转移到当前资金或被支出"谨慎"的比例，那么准捐赠基金的增值部分在法律上是允许在任何时间支出的。但是，受托人应当被允许转移真正的捐赠基金或至少支出"谨慎"的比例给准捐赠基金吗？ FASB 认为，他们只能将增值部分转移到暂时限制性基金中，这样实际上给了受托人很大的自由裁量权以决定增值的去处。这似乎是法律的而非审计的事情。1992 年,FASB 达成了增值分类规则的一致，即受托人可以在任何时候支出增值的部分，但财务报告应当以非限制性净资产的上升或下降来显示投资资产所有的收益和损失，除非法定或捐赠人强加特定的目的或时间作为限制性条件。[①] 非营利模式还要求审计大学内部财务报告的会计人员应遵守大学董事会或投资委员会制定的规则，但也必须保证维持收入支出比例，财务报告应在永久性限制净资产

① 参见 Ken W. Brown, "History of Financial Reporting Models for American Colleges and Universities: 1910 to the Present", *The Accounting Historians Journal*, Vol.20,No.2（1993）, pp.1–29.

中体现捐赠部分的增长。

2008年2月，针对FASB下设机构Staff Position（FSP）所提出的要求大学捐赠基金满足额外的五项信息披露，全美高等院校行政事务官员理事会（NACUBO）联合多个高等教育业界协会致信给FASB的技术应用与实施活动总监，就FSP117-a关于"非营利组织捐赠基金：根据UPMIFA制定版本的基金净资产分类以及加强信息披露"的建议提出了自己的看法，尤其是在适应UPMIFA的重大变化方面。问题集中在以下四个方面：第一，非营利组织捐赠基金中限制性净资产分类是否受到UPMIFA的规制，如何保持适用的一致性？如果不能，为什么？第二，一个非营利组织的捐赠基金的哪些信息是该建议要求披露的？它们在新的UPMIFA环境下能否提供足够的透明度？如果不能，请解释哪些信息披露是不必要的，或者哪些额外的信息需要披露？第三，是否同意董事会的决定，即要求组织提供额外的信息披露，即使它们还没有受到UPMIFA的规范？如果不同意，为什么？第四，是否同意董事会的决定，即FSP的建议于2008年1月15日后财年结束时生效，只要组织还未公布本年度财务报告，即可提早获准适用？如果不能，为什么？此外，NACUBO还希望能够预留足够的时间确保必要的培训，高等院校也需要更多的时间以有效地满足所有的披露要求。全美高等院校行政事务官员理事会（NACUBO）作为非营利性行业组织，拥有超过2100名高等院校首席财务和管理官员的代表，其下属的审计规则委员会（Accounting Principles Council, APC）由来自不同类型机构的富有经验的商务官集合构成，他们对高等教育会计和报告问题有深入了解和实践。NACUBO非常关注适用于高等教育的财务报告和审计标准，每年还组织超过1500名高等教育人士培训和讨论审计与财务报告实践。因此，它对FASB等标准制定者的建议和意见也具有相当大的影响力和代表性。

2011 年 11 月 9 日，FASB 时任主席莱斯利·塞德曼（Leslie Seidman）提议增加两项议程，即标准制定项目和研究项目，旨在完善非营利组织的财务报告，指出已有的标准需要更新和推进，从而为捐赠人、债权人和其他人提供更好的信息。FASB 指出现有模式已经使用了将近 20 年，其成员一致认为已经到了该重新审视非营利组织财务报告模式的时候了。标准制定项目将专注于非营利组织特有的财务报告及相关附注，重新审视已有的财务报告标准，关注推进当前净资产分类方案和财务报告及附注关于组织流动性、财务表现和现金流量的信息。研究项目将研究非营利组织当前使用的陈述财务表现的方式，审视非营利组织领域最好的实践做法，以增进捐赠人、债权人和其他利益相关者对财务健康和表现的理解。①

第三节　美国注册会计师协会的审计标准

美国注册会计师协会（AICPA）是目前世界上最大的会计师行业协会，拥有超过 39.4 万会员覆盖 128 个国家以及超过 125 年服务于公共利益的传统。该机构的会员来自包括商业、工业、公共服务、政府、教育和咨询等在内的诸多实践领域。AICPA 为私人企业、非营利组织，联邦、州和地方政府的审计师制定了职业伦理标准和美国审计标准，也开发和升级统一注册会计师考试并提供资格证书。20 世纪 70 年代以来，该行业协会对

---

① FASB Chairman Adds Two Agenda Projects to Improve Financial Reporting by NOT-FOR-PROFIT Organization, NEWS RELEASE 11/09/11, 见 http://www.fasb.org/cs/ContentServer?c=FASBContenC&pagename=FASB%2FFASBContent_C%2FNewsPage&cid=1176159257947 .

高等院校的审计标准予以特别关注，其所提出的建议和标准普遍被学院和大学内部和外部的审计师重视并采用。

　　1973年，AICPA出版了《工业审计指南：学院和大学审计》一书，该书为学院和大学的注册会计师以及独立投资公司列举了会计和报告实务、审计程序、税收考虑事项及有用的行业资料背景，提供了1940年投资公司法颁布以来的最新法律参考，取代该机构在1949年所发布的案例研究，为即将到来的新财年提供了关于会计与报告的重要建议。① 同年代出版的与大学审计和财务报告有关的重要文献还有1971年审计委员会关于审计实践的报告 ②，以及哈罗德·比尔曼（Harold Bierman）和托马斯·霍夫斯泰德（Thomas Hofstedt）关于大学审计和赤字的工作报告等 ③。审计委员会的报告没有特别提及捐赠基金的审计问题，但对大学审计的实践做法提出了一般性的批评。《工业审计指南：学院和大学审计》一书更是对当时新闻媒体和社会公众对于高等教育机构财务报告及运作（尤其是捐赠基金的审计和报告方面）不满的直接回应，指出财务报告扮演着向高等教育机构的赞助者（特别是校友和潜在捐赠人）塑造大学形象的重要角色，呼吁高等教育机构重视包括大学捐赠基金在内的财务报告的重要性，将之等同于与校友和捐赠人的关系。正如它的序言中所说："这份指南是准备帮助独立审计师检查和报告高等教育领域的非营利机构包括学院、大学和社区或专科学校在内的财务报告"，也提醒读者注意"这份

---

　　① 参见 Kenneth D. Creighton & Franklin G. Riddle, "Audits of Colleges and Universities by AICPA Committee on College and University Accounting", *The Accounting Review*, Vol.49,No.4（1974）, pp. 876–878.

　　② 参见 Report of the Committee on Accounting Practice of Not-For-Profit Organizations, *The Accounting Review,* Vol. 46（1971）,pp. 81–163.

　　③ Harold Bierman Jr.&Thomas R. Hofstedt, University Accounting: Alternative Measures of Ivy League Deficits, Cornell University, *Unpublished Working Paper*, April 1973.

审计指南的出版是为了指导检查大学财务报告的机构成员，代表了学院和大学审计委员会和会计师深思熟虑的观点，也包含了财务报告行业最好的专业性意见与做法"。

《工业审计指南：学院和大学审计》对使用者的需要尤为关注，指出作为读者的校友和捐赠人可能会问两个问题：一是大学捐赠基金的管理如何营利，支出水平达到怎样的标准才算谨慎，大学总预算中多大比例是由捐赠基金支持的，以及该比例是否能够适时改变，尤其是在大学总预算成本逐年上涨的情况下；二是捐赠基金增长的程度如何，管理者的投资政策与策略是否正确等。对上述问题的回答是衡量学院和大学财务报告"适切性"的有效标准。

该指南要求大学明确地报告三项基本财务的情况，即（1）资产负债表，（2）基金资产变动表，（3）当前资金收入、支出和其他变化。大学捐赠基金的财务状况包含以上三个方面。资产负债表显示捐赠基金或类似的资金平衡由三个部分构成，即永久性捐赠基金、附条件捐赠基金和准捐赠基金，其中捐赠人指定给捐赠基金的捐赠及其收益，包括现实的投资收益和从其他资金转移而增加的收入，还包括从非限制性当前资金转移到捐赠基金的部分，但为支出转移适当的收益比例和届满附条件捐赠基金则作为当前资金收入报告的内容予以扣除。基金资产变动表显示捐赠基金由于现实收益和从其他资金、捐赠转入而发生的增加，或者由于转移到当前资金而发生的减少。当前资金收入、支出和其他变化显示捐赠基金或类似资金的收益、转入和任何支出，也包括从当前资金转入到准捐赠基金所进行的任何再投资收益。指南要求对捐赠基金的投资业绩进行单独报告，财务报告或记录应当陈述建立在成本和市场价值基础之上的投资组合的整体表现（例如产出、收益和损失），这样使用者就能根据数据对当前收益和年度总回报作出评估，但指南对于是否应包含非现实的收益和损失不甚清晰。

指南还要求高等院校提供更好的信息，例如积累用于收入分配的捐赠基金包括年初和年尾总的市场价值和成本、现实和非现实的年度净收益；年初和年尾每单位市场价值和净收入等详细数据；当前资金报告按来源和功能显示收入、支出和其他变动的所有细节与变化等。这样可以使读者了解机构在哪些事项上花钱和钱来自哪里，并理解包括当前资金收入和支出在内的不同来源的相对重要性。

关于收益与支出的界定是大学捐赠基金审计标准中极为重要的概念。指南沿用了传统审计关于收益的观点，将收入分为非限制性、限制性和总量三个部分，以避免与《统一机构基金管理法》（UMIFA）相冲突，后者允许从捐赠基金收益中支出谨慎的比例，但没有界定收益的具体范围。这一规定忽略了捐赠基金满足当前支出的适切性和可能的赤字问题，简单地讲，一个机构需要报告其决定从捐赠基金的收益中转移作为支出的"谨慎"部分，当这项转移不足以弥补总收入与总支出之间的差距时，处理赤字的唯一办法可能是通过更大比例的转移，即超出原计划的"谨慎"部分。指南并没有清晰地指出大学是否应当将之作为两项独立的报告内容加以标记以区别其目的，以至于一些大学捐赠基金的受托人对于"谨慎"的数额以及超出谨慎水平的支出应当如何报告感到困惑。因此，一些大学通常的做法是指定某项捐赠基金的投资收益作为稳定的储备，在特定的年份转入或支出，以弥补少于实际收益支出的固定或预定比例，这被称为"收益保留"。指南明确反对这种做法，要求大学必须使之清晰地体现在财务报告中，还要求任何收益的支出都要作为转移显示在当前资产变化的报告中，并提供了"非限制准捐赠基金适当收益的比例"作为示范。该指南还用相当长的篇幅讨论了"总回报"的概念，表示考虑到为当前支出的适当基金收益比例的做法，支持"总回报"作为投资策略而非支出政策，因为它所关心的是收入的概念，而不是建立谨慎支出规则。

一、非营利组织的审计和财务指南

根据 1992 年 FASB 非营利模式，AICPA 建议审计人员要熟悉其规定，特别是有关非限制性、暂时限制性和永久限制性净资产之间的区别。为回应这些变化，AICPA 于 1996 年 8 月发布了一份新的审计和财务指南，以帮助非营利组织及其审计师贯彻新要求，准备和审计财务报告。该指南的重点是介绍非营利组织财务报告的以下内容：FASB 模式 No.116 审计接受和募集的捐赠、No.117 非营利组织财务报告、No.124 审计非营利组织的特定投资，这些要求将改变非营利组织准备外部财务报告的方式。指南还描述了在遵循一般审计规则的前提下，如何将内部会计制度的信息用于所准备的外部财务报表中，以帮助审计师理解非营利组织内部控制、评估控制风险及计划和实施审计。新指南包含了非营利组织所特有的审计目标、控制示例和审计程序样本，并回答了审计捐赠、控制投资、处理费用等审计议题。

值得一提的是，AICPA 还专门以高等教育为例指出了新指南的意义。身为芝加哥大学副审计长的注册会计师约翰·克罗尔（John Kroll），负责大学的审计、财务报告和现金管理，他提出了对于新指南的看法：（1）高等教育冲击。克罗尔从自己作为全美高等院校行政事务官员理事会（NACUBO）代表的立场提出了他所认为的冲击高等教育的主要变化，即分割利益协议、学费贴现、功能性费用分配、市场价值。（2）易于实施。对芝加哥大学而言，遵循新指南并不困难。任何认为非营利组织需要购买新的计算机系统，雇用新的工作人员或者开发新的软件以遵守指南的观点也许是一种误解，指南仅仅是聚集现有数字的一种新方式而已。（3）适可而止。克罗尔希望指南结束非营利组织财务报告所经历的动荡与变化，他说："我们已经在过去三年内经历了与过去 50 至 100 年中同样多的审计和报告变化，我不认为我们中的任何人将愿意看到这种状况重演。"① 他认为新指南提出了许多并未解决过的特殊问题，希望 AICPA 通过技术实践提供帮助或作出必要的澄清以回应这些问题。（4）共同理解。克罗尔及其手下的工作人员将以新指南为最高标准，提供他们对于应当做什么的理解、辨识理论和实际适用以确保他们恰当地行事。一旦采取计划，他们将与外部审计师一起理解并实现之，这是他确保从第三方审计的立场出发而恰当行事的方式。他说："我总是告诉其他人不要让外部审计师命令实施，要自己仔细地考虑和执行所有资源能够提供的最好计划。"②

二、《审计与会计指南：非营利组织》

2013 年，AICPA 修订了 1996 年非营利组织审计和财务指南，出版了《审计与会计指南：非营利组织》。该指南突出强调了非营利组织会计和审计出现的显著新变化，提出要加强指引，主要有：（1）一般财务报告事项包括财务状况、活动陈述、现金流向、相关实体、合作协议、相关第三方交易；（2）现金、现金等价物与投资；（3）接受的捐赠和代理交易，包括区分交换交易的捐赠和捐赠的确认与计算；（4）分割利益协议和信托实际权益；（5）其他资产；（6）项目投资；（7）物业与设备；（8）债务及其他负债；（9）净资产及其重新分类；（10）支出、收益和损失；（11）独立审计师的报告；（12）税务及监管注意事项。③ 该指南提供了官方权威标准

① Glazer A. S., Jaenicke H. R., Tanenbaum J., et al., "New AICPA Audit and Accounting Guide for NPOS", *Journal of Accountanly*, Vol.182, No.5（1996），p.63.

② Glazer A. S., Jaenicke H. R., Tanenbaum J., et al., "New AICPA Audit and Accounting Guide for NPOS", *Journal of Accountanly*, Vol.182, No.5（1996），p.63.

③ 参见 AICPA'S Audit & Accounting Guide: Not - For - Profit Entities（2013）Listing of Sections With New or Enhanced Guidance, 见 http://www.aicpa.org/.

之外的解释性和实践性指引，符合一般公认会计准则和标准，并首次以一种明确的方式发布了管理责任标准。[1]

此外，关于法律是否应当要求所有非营利组织在内部设立审计委员会的看法也不一致。加利福尼亚州《非营利法人完整法》是唯一一个在州法层面规定非营利组织必须设立内部审计委员会的法案，它要求毛收入两百万美元以上的慈善组织向州检察长注册并提交报告，必须建立和维持一个审计委员会。该审计委员会必须由非营利组织董事会任命，可以包括非董事会成员的独立个人，该审计委员会不能包括组织的董事长、首席执行官、会计或首席财务官。如果非营利组织设有财务委员会，那么该财务委员会成员可以服务于审计委员会，但人数不能超过审计委员会的一半。根据加利福尼亚州法的规定，审计委员会在非营利组织董事会的监督下工作，负责向董事会提出关于雇用和解雇独立注册会计师的建议，还可以代表董事会与会计师事务所就报酬问题进行谈判。审计委员会必须与审计师交换意见，使非营利组织的财务事务有序进行，检查审计和决定是否接受该审计，确保会计师事务所的非审计服务符合美国总审计长发布的标准。尽管国税局所要求填报的 990 表格，并没有明确规定免税组织必须要有一个审计委员会来承担监督审计、检查或编制财务报表，以及选择独立会计师的责任，但是，任何具有一定规模的非营利组织都应当考虑按照加利福尼亚州法的一般概念和非营利组织专家组的标准设立一个内部的审计委员会。[2]

---

① 参见 AICPA's 2013 Not-for-Profit Audit & Accounting Guide Provides Added Clarity & Guidance, 见 http://www.aicpa.org/.

② 参见 Bruce R. Hopkins & Virginia C. Gross, *Nonprofit Governance: Law, Practices, and Trends,* John Wiley & Sons, Inc., 2009,pp.130–132.

第十章　美国大学捐赠基金法律制度启示

　　较之于我国大学基金会机构数量和资产规模的快速发展，与之相关的法律制度建设却明显滞后。大学基金会的主体资格与行为边界在法律上不甚明确，例如如何使其区别于其他法律主体、哪些行为可为或不可为、权利救济是否存在真空地带、法律责任从何追究等问题，导致了大学基金会及其管理者在操作实践中或止步不前唯恐追责，或打"擦边球"铤而走险，滋生或暗藏了诸多法律风险。这极大地阻碍了高等教育慈善事业的创新与可持续发展，使大学基金会俨然成为高等院校拓展校友资源和公共关系的点缀，而并未发挥其应有的多重意义与功能，如改善大学经费来源结构，为大学的长远发展提供充足而稳定的经费支持；推动高等教育财政体制改革，为加强学术自由和大学自治创造有利的制度环境；顺应现代大学发展的国际化趋势，提升大学的竞争优势，激发市场机制、专业评估和社会监督的作用等。因此，研究制约我国大学基金会发展的法律制度障碍，寻求立法或者其他可能的法律适用途径，就有必要分析借鉴美国先进的立法经验和技术，在我国现行法律体系之下解决目前阻滞大学基金会功能发挥的制度性障碍。

第一节　我国大学基金会法律实务及其研究概览

一、大学基金会相关法律问题研究

目前，我国专门研究大学基金会法律问题的文献资料较少。李晓新、刘晔、张宏莲专门就大学基金会筹集资金，运作与管理的基本性质、特点与相关法律问题进行了较为系统的分析，结论是：首先，公益性是大学基金会资金管理的基本特征，大学基金会既不同于一般的财团法人，又与一般的社团法人有所区别，现行法律对其主体资格的认定亟待厘清；其次，需要辨别大学基金会接受捐赠的不同类型、大学基金会与大学的职权划分以及捐赠合同的法律性质，明确界定大学基金会合法受赠及其相应的法律权利与义务；最后，大学基金会资金运作的目的在于有效增值，现行"合法、安全、有效的原则"过于笼统，缺乏具体的鼓励或配套制度及措施，约束运作成本也需要加强大学基金会的财务信息公开制度。[①]

慈善立法、捐赠和基金会法律制度是规范我国大学基金会运行的上位法，国内相关研究较多，主要集中在慈善立法的体例和制度设计、捐赠行为的法律性质认定与捐赠税收优惠政策的完善、基金会法律制度完善等方面。自2005年起，我国第一部关于慈善事业的法律——《中华人民共和

---

① 参见李晓新、刘晔、张宏莲：《规范化与专业化：大学基金会资金管理的法律问题研究》，《复旦学报》2008年第6期，第117—123页。

国慈善法》(以下简称《慈善法》)的起草工作就已经展开并提上了议事日程，该法已于 2016 年颁布实施，首次明确了慈善组织的法律地位、慈善募捐的主体与监督机制、慈善事业的主管部门、慈善捐赠活动的程序，明确了捐赠人、受赠人和受益人的权利义务，规范了慈善事业准入、评估、监管等。

相嘉嘉分析了我国慈善事业的法制现状，就最主要的慈善组织和慈善捐赠方中的企业两大主体进行了经济分析，介绍了国际慈善立法的模式和内容以及主要国家的慈善立法概况，对中国慈善立法问题的解决提出了两方面的对策和建议。[①] 周贤日从公益捐赠的法律关系、行为法律性质、受赠人的主体类型和责任、政府职责四个方面对我国公益捐赠法律制度进行了分析，指出我国对中间组织者的规范和监督、对法定受赠人动态支配捐赠物的监督比较薄弱，需要完善相应的可操作监管规范；要增强公益机构的民间性、中立性和独立性；就捐赠人需要设计比较明确的受赠人责任制度和完善其内部监管机制；政府应处理好与公益捐赠关系的边界，制定和完善捐赠法律规范，发挥社会导向作用，促进民间公益捐赠机构向多样性、专业化和职业化方向发展。[②] 黄爱学指出，捐赠是一种特殊的赠予制度，在性质上属于双方法律行为，我国《基金会管理条例》的规定有重大缺陷，即混淆了"捐赠"与"捐助"的区别；《合同法》没有规定"为第三人利益合同"，以至于捐赠关系中的特定受益人不享有直接请求权，因而无法为受益人提供有力的法律保护；我国立法对捐赠制度的规范应形成一

---

① 参见相嘉嘉：《中国慈善立法问题研究——基于法经济学的视角》，硕士学位论文，吉林大学，2011 年。

② 参见周贤日：《我国公益捐赠法律制度思考》，《中国发展观察》2008 年第 7 期，第 53—54 页。

个整体性框架。① 胡卫萍、赵志刚从慈善公益捐赠信义义务的内涵分析入手，就我国慈善公益捐赠活动信义义务履行现状进行了根源探讨，并从慈善信义义务法律规制的角度，建议将慈善信义义务写入法律条款，建立完整的慈善活动信用档案，加强慈善活动内部自律和第三方监管，保障慈善信义义务履行到位。②

叶姗以社会财富第三次分配理论为依据，认为公益性捐赠税前扣除规则是偏离基准税制的诱导性税法规范，性质上属于"促进型法"的范畴；为了均衡保护纳税人、捐赠人和公共消费者的合法权益，政府减让税收利益必须有所限制，"法定限额内的捐赠准予扣除"的规则划定了政府减让税收利益的界限，有助于实现公平分配。③ 魏明英、胡静分析了我国现行慈善捐赠税收制度存在的主要问题：一是慈善捐赠扣除比例受限于所得税非主体税种地位，二是流转税的慈善捐赠税收优惠激励作用不强，三是非货币资产捐赠评价体系不健全。④

李红影描述了基金会在中国的发展现状及其生存的法律环境，从中找出影响、制约基金会发展的不良因素，通过对美国和俄罗斯基金会立法历程的介绍，总结出我国当前基金会立法的大体框架，并从实证的角度对基金会立法中存在的主要问题，即：立法滞后，无法适应基金会的发展需求；立法指导思想存在偏差；立法位阶低，配套法规不健全；法律定位过

---

① 参见黄爱学：《捐赠的性质认定及我国立法评析》，《内蒙古农业大学学报》2012 年第 3 期，第 16—18 页。

② 参见胡卫萍、赵志刚：《慈善公益捐赠信义义务履行的法律探讨》，《求实》2011 年第 12 期，第 76—80 页。

③ 参见叶姗：《社会财富第三次分配的法律促进》，《当代法学》2012 年第 6 期，第 117—126 页。

④ 参见魏明英、胡静：《关于完善我国慈善捐赠税收优惠制度的法律思考》，《税收经济研究》2012 年第 5 期，第 74—77 页。

于模糊；法律救济的缺乏这五个方面展开了深入探讨，最终从法律地位、税收优惠、有效监管等方面提出了具体的立法设想和解决路径。[①]

总体而言，对中国大学基金会立法问题的研究，采取了鲜明的法学研究视角和方法，也在总体上反映了当前我国大学基金会生存的法律环境现状。尽管某些讨论比如公益捐赠、税收优惠等已经相当深入，但系统性仍然不足。我们可以大致归纳出以下几点认识前提：首先，捐赠已经成为大学经费的重要来源，因捐赠而形成的大学资产的运作管理问题将引起社会各界越来越广泛的关注；其次，筹资是现代大学必须具备的一项技能，不同的大学针对不同的捐赠对象采取不同的筹资策略和活动；再次，大学具有非营利组织的性质，高等教育慈善捐赠享有税收减免的优惠待遇，大学捐赠资金的投资应采取更为稳妥的方式进行；最后，构建高效的组织结构和良好的制度环境对保障大学基金会的可持续发展至关重要。

对美国慈善立法、非营利组织法和基金会立法的研究成果，有助于扩宽本研究的思路方法和资料来源，但也存在系统性不强和深度不够等缺陷。要想从整体上把握美国大学捐赠基金的法律制度体系，有必要从以下两个方面入手：一方面要进一步明确研究主题、对象和范围，扩宽研究视野和资料范围，即将联邦、州的法律文本和行业协会及大学内部治理规则均纳入进来，建构一个较为完整的法律制度分析框架，力求反映美国大学捐赠基金法律制度的全貌；另一方面要深度挖掘，除制定法即成文立法外，还要搜集并剖析美国历史上对于确立大学捐赠基金法律规则至关重要的典型判例，以便深刻地阐释美国作为普通法系国家其大学捐赠基金法律制度的历史源起、理论依据和判案标准等深层次的法律文化和制度传统。

---

① 参见李红影：《基金会立法问题研究》，硕士学位论文，中国政法大学，2006年。

第二节 美国大学捐赠基金法律制度的总体特征

一、新公共问责范式下的立法指导思想

立法指导思想反映了立法者对大学捐赠基金所持的基本立场和态度——鼓励抑或遏制、自治抑或规范，它决定着法律规则的方向，甚至影响立法技术和语言表达的选择适用。立法指导思想随着情势的变化可能发生改变，以顺应时代的发展和需要。尽管美国大学捐赠基金的法律制度本身并不是一个完整而系统的体系，相关法律规则分散在不同层次、不同部门法领域甚至判例法及司法解释之中，但从前面的分析大致可以窥见立法者有倾向于对大学这类免税的慈善组织加强法律监管的趋势。同时也应当注意到，这种强化监管并不仅仅局限于表面意义，最终是为了促进这类组织的良性发展及实现其慈善宗旨，并且法律监管与组织自治的边界还是比较清晰的。严格监管事实上并没有阻滞这类组织的规模扩张和活动延伸，它一方面起到了规范这类组织的捐赠来源、投资行为、内部治理和社会监督的作用，另一方面通过明确界定慈善组织及其从业人员的权利义务，在某种程度上控制了可能发生的法律风险或提供了合理的免责保护，这些对于维护大学捐赠基金整个行业甚至慈善领域的社会公信力创造了良好的制度和文化环境。

大学捐赠基金的资金主要来源于社会捐赠，并且用于支持大学发展，由于这种慈善的目的和性质，其管理组织在法律上被归入非营利组

织的范畴，因享受税收减免的优惠而具有免税组织的法律资格。随着非营利组织数量、功能和影响的不断扩张，管理学上的问责理论也延伸到了对第三部门的社会治理研究之中。非营利组织层出不穷和各种各样的问题引起了社会对其行为和管理的关注与问责。较之于政府和企业，非营利组织缺乏所有权的监督机制，也缺乏市场竞争的效率和动机，因此在提高非营利组织管理效率的同时，控制可能出现的违法或违背伦理道德的风险，促使非营利组织管理层始终按照捐赠人的意图和组织的使命履行应尽的责任，这就要求从宏观层面整体构建非营利组织的公共问责制度框架与机制。

虽然立法者没有阐明在立法过程中秉持何种指导思想，但从研究者的视角来看，确实存在着某种被称为"范式"的转换，即从管家范式到决策有用范式再到公共问责范式。"公共问责"（Public Accountability）的概念最早是由政府会计标准委员会（GASB）在 21 世纪初提出的，旨在取代 20 世纪 70 年代后期提出的决策有用（Decision Usefulness）以及更早的管家（Stewardship）理论。这些范式的性质最初仅限于公司法人的财务报告和会计标准的问责制，但很快就扩展到了非营利组织尤其是公共资源和慈善领域，对政府监管各类社会组织产生了深远影响，这也反映了当时整个社会对公共事务的态度已经发生转变以及法律对公众知情权与表达自由的体认。管家范式认为，财务报告和会计应起到监管组织管理的作用，避免不实陈述或服务于特殊利益，但它也强调在关注公平和正义的同时，也要平衡所有者和管理者之间的利益。决策有用范式认为，财务报告和会计信息不应仅对组织自身有用，更应该为投资者和债权人提供对决策有用的信息，特别是要关注会计信息的用户利益。然而，公共问责范式将管家和决策有用这两种视角都囊括其中，认为会计不仅应关注资产和收入的分配信息，更应为管理者、股东、员工、客户以及其他不确定的利益相关者提供尽可能真实有用的信息，因为广泛的公共问责和保证公众获取信息的权利能够有效地控制权力滥用。

公共问责范式的诞生和确立对大学的影响极为深刻，因为大学既包含作为政府会计标准委员会问责对象的政府实体，也包括受制于财务会计标准委员会所确立的决策有用范式下的私立非营利组织。

除了上述财务报告和审计领域外，"公共问责"的观念也逐渐被整个社会广泛接纳，尤其是在20世纪后期媒体大量曝光大学筹款募捐方面的丑闻之后，公众开始质疑拥有大规模捐赠基金的大学是否过度积累财富而不是用于资助学生，大学捐赠基金管理机构及人员的违法行为引起了税务监管机关和审计部门的警惕与关注，于是对包括大学在内的非营利组织所须提交的年度报告的内容不断修正和细化，并提出了更严格的审查标准和信息披露要求。近年来，鉴于公众对大学捐赠基金支出比例是否过低的争议，也有人建议立法修改取消拥有大规模捐赠基金的大学免税地位或对大学捐赠基金设立类似于私人基金会的强制性支出比例。

美国对非营利组织尤其是以大学及其捐赠基金为代表的免税慈善组织采取从紧的法律监管，暗示着在公共问责范式下与之相关的立法可能更加趋于苛严，因为公共问责的问责主体、对象、内容、范围和标准较之于管家和决策有用范式更为宽泛，这表明了全社会对非营利组织是否有效地利用公共资源、提供公共服务持一种审慎态度和问责精神。在这一趋势下，再来考察美国大学捐赠基金的法律制度，将有助于我们更好地理解相关规则出台的背景、目的、意义和未来方向。毋庸置疑，赞成对大学适用广泛的公共问责制将招致更严格的立法或对现有法律制度更频繁、更严谨的修正和执行。这种能够不断适应新要求和新变化的特点，正是美国法实用主义精神的一大亮点。对大学而言，时刻把握立法指导思想的风向对于调整自身行事方式、遵从法律要求和赢得公众信任也是至关重要的。

二、分散立法模式与法律制度的全面性

纵观美国大学捐赠基金法律制度，在分散立法模式下呈现出纷繁复杂、交叉重叠的现象。但是，这种表面上看似分散、凌乱的特征，却并没有妨碍或者限制美国大学捐赠基金的发展，反而达到了事无巨细和面面俱到的实施效果，围绕着大学捐赠基金可能发生的任何具有法律意义的行为都能找到对应的法律依据，各方当事人只要依法行事即可。按照大学捐赠基金的法律行为类型分类，法律规则涉及以下几个主要的领域，分别是慈善捐赠法的募捐与筹款规则、金融法的投资行为规则、非营利组织法的内部管理规则、会计法和审计法的财务报告标准，其中最重要的是税法统辖下免税的慈善组织认定及其资格审查与信息披露义务等。

第一，界定大学捐赠基金的法律主体地位。独立的法律人格是大学捐赠基金及其管理者的行为具有法律意义的前提。采用不同管理模式和不同组织形式的大学捐赠基金具有不同的法律主体地位，因而适用不同的法律规范。按照是否隶属于大学管理机构可分为独立和非独立的大学捐赠基金组织，非独立的纳入大学管理体系，适用大学相关的法律制度；独立的按照是否采取法人治理结构分为非营利法人和慈善信托，分别适用非营利组织法和信托法的相关规定。在清晰地界定了各类法律主体性质的基础上，相关各方的法律权利义务也就相对明确了。大学捐赠基金的管理组织无论采取何种法律形式，只要符合《国内税法典》规定的条款就能申请成为免税慈善组织，当然前提是要证明自身的慈善目的并通过相应的实质性和程序性审查。即使是由附属于大学的机构和部门负责管理捐赠基金，也要将与捐赠基金相关的信息尤其是资产变动状况和分配支出情况详细地附在大学提交给国税局的年度报告中，否则可能会影响大学获得免税资格。

　　第二，规范大学捐赠基金的募捐和筹款行为。募捐与筹款几乎伴随美国大学诞生和发展的全过程，筹款活动的专业化、职业化和全面化催生了法律监管。美国几乎所有州都制定了慈善募捐法，并设有专门的管理机关来规范和管理在本州地域管辖范围内从事筹款募捐行为的慈善组织和职业筹款人及筹款顾问。主要内容涉及慈善目的、募捐与捐赠、职业筹款人、职业募捐者和筹款顾问等一般法律术语的界定，对慈善组织和职业筹款人等从业人员要求注册与提交报告及保证金制度，对信息披露、筹资成本限制、可得性记录、禁止性行为和募捐公告的规范等。开展筹款活动的非营利组织需要履行书面合同审查、募捐公告（含筹款活动内容、方式、时间、地点等详细解释文件等）提交备案、保留筹款活动记录（包括捐赠人信息、筹款顾问和职业筹款人的信息、筹款开销、捐赠财产数额与处置情况等）、信息披露、筹款活动报告等各项义务。联邦法层面主要由税务稽查机关负责审查大学及其捐赠基金的筹款活动，重点审查内容包括接受的捐赠是否符合慈善目的、捐赠的财产如何处置尤其是估价是否公平、捐赠财产产生的任何收益以及捐赠的信息披露和筹款成本是否合理等。另外，如何防止筹款欺诈和如何规范互联网筹款活动是近年来立法机关关注的焦点。

　　第三，强调大学捐赠基金的规范治理和管理者责任。在法律上主要体现为非营利组织法中对组织内部管理的政策与程序的法定要求，对董事的注意、忠实和服从义务的规定，以及慈善信托法中的受托人对委托人和受益人的法律义务。除了法律层面最低限度的责任和义务外，政府监管部门也明确提出了相应的治理要求和审查内容，尤其是税务稽查机关在审查学院和大学免税资格指南中所作的要求，以及针对高等院校尤其是捐赠基金所作出的专项调查，对大学捐赠基金管理组织能否保持免税组织地位也产生了直接的影响和压力。第三方独立专业评估机构和行业协会发布的内部治理规则，比如慈善咨询服务标准、慈善问责标准、非营利部分道德与责任守则、美国慈善协会标准以及良好治理与伦理实践规则，将慈善组织或非营利组织的内部治理规定得相当详尽而完备，对大学捐赠基金的内部管理起到了良好的示范、推动和监督作用，而且不同的评估机构和专业协会对大学及捐赠基金的排名评级能够直接影响捐赠人是否决定捐赠，从而对大学捐赠收入和社会声誉产生直接影响。

第四，确立大学捐赠基金投资者的谨慎判断标准。大学捐赠基金的投资活动源于保持基金购买力以维持代际公平的动机，但现代投资组合的发展使得大学捐赠基金的投资领域、种类和比例越来越复杂多样，专业的投资经理人、投资顾问和投资公司开始介入大学捐赠基金的管理，从而滋生出很多需要法律予以规范的行为和责任界定问题。比如，捐赠基金分类与收益的法律界定直接关系到哪些钱可以用来投资，投资产生的收益怎么使用，能否委托外部的专业投资者进行投资，投资者作出投资决策的判断标准与法律责任，内部和外部投资经理人的薪酬政策，投资的种类和领域是否与大学的社会责任相悖，投资顾问的伦理标准，等等。以投资者责任的法定标准为例，立法者将它纳入《统一机构基金谨慎管理法》中，适用商业判断的"谨慎"标准，解除了大学捐赠基金管理组织内部和外部投资经理人的后顾之忧，即只要"谨慎"从事就可以免责，当然是否做到了"谨慎"要视具体情形而定。立法统一了各州对捐赠基金的监管，确保了以最佳的投资实践来管理大学捐赠基金的投资行为。另外，投资的社会责任对大学捐赠基金而言也越来越重要，目前两种主流的标准——社会责任投资与环境、社会和治理投资责任均要求大学及捐赠基金管理层在作出投资政策时考虑自身的社会责任，不仅仅以实现大学的经济利益为目标，还要通过制定适当的政策和程序来确保所进行的投资项目遵从环保、和平、人权等基本的社会价值和道德观念。

第五，关于分配政策与是否设立强制性支出规则的立法争议。法律对大学捐赠基金的分配政策与支出规则作了原则性规定，主要是基于捐赠基金源于捐赠人慈善目的的考虑以及利益相关者的诉求，但对具体支出比例没有明确要求。实践中，绝大多数大学捐赠基金能够按照捐赠人的意愿管理和使用，且能将投资收益以满足实际需要的恰当比例用于当年的支出，并根据经济形势和投资效益的变化进行适度的调整，可以通过相关研究报告的数据体现出大学捐赠基金在分配支出方面的变化和评估。监管机构一般都要求大学在年度报告中提交关于捐赠基金的分配与支出信息，用于了解和评估大学捐赠基金对大学运营的实际作用及作用程度。但是，近年来面对公众对大学囤积财富（主要指向捐赠基金）的指责，对捐赠基金是否足够地支持了教学研究和学生资助的质疑，是否应该取消大学尤其是拥有大规模捐赠基金的大学的免税地位，或者对大学捐赠基金设置类似于私人基金会5%的强制性支出比例产生了立法方面的争议。尽管目前尚未定论，但不排除在大学捐赠基金规模越来越大，而学费上涨和大学运营成本猛增的情况下，要求立法干预大学捐赠基金分配支出政策的呼声可能还会持续很久。

第六，采取严格的大学财务报告会计与审计标准。法律对大学捐赠基金的监管很大程度上是建立在其所掌握的信息基础之上的，比如国税局要求大学提交的年度信息报告，各州要求慈善组织和职业筹款人提交的筹款活动报告，行业协会和专业评估机构要求合作大学提交的相关数据等，其中最具价值、最能够反映大学捐赠基金资金变化和财务状况的就是财务报告，但是如何确保财务报告的真实、准确、可靠，以满足大学捐赠基金所有利益相关者的需求，取决于适用何种会计标准和审计准则。因此，对高等教育的财务报告和审计标准采取何种模式，有何新的要求和变化，是政府监管机构和行业协会始终关注的问题。目前，传统上适用于大学的特有的审计标准已经被统一的非营利组织审计标准所取代，即适用的是1992年美国财务会计标准委员会制定的非营利模式，尽管对它的修改建议已经被提上议事日程，美国注册会计师协会2013年也修订了其1996年制定的非营利组织审计和财务指南，出版了《审计与会计指南：非营利组织》。

综上，这些规则几乎囊括了大学捐赠基金所有的活动与行为，规范和调整着大学捐赠基金在社会生活领域已经或可能涉及的各类法律关系。通过梳理美国大学捐赠基金的各项法律制度，也使我们对每一个领域的法律规定有了轮廓性的了解，并且每一个领域都值得我们继续更深入地研究下去。

三、他律与自律的高度共识与深度耦合

美国对大学捐赠基金实施监管有着明确的法律边界，即法律对什么该管、什么不该管有清晰的认识和界定，这一点突出地表现在内部治理规则的政策与程序以及关于强制性支出比例的立法争议方面。这也从某种意义上解释了美国大学捐赠基金能够在纷繁复杂的法律规则前提下始终保持着创新性和灵活性的原因。立法规定仅仅体现了对大学捐赠基金及其管理者行为的最低要求，比如重点的慈善目的、防止筹款欺诈、管理者的董事义务或信托责任、谨慎投资者规则、财务报告和审计标准等，这种具有法律强制性的他律规范在最低限度上保证了大学捐赠基金的道德行为标准。但是，美国大学捐赠基金显著的投资业绩、规范的内部管理和专业的工作人员才是决定其在世界范围内具有突出优势的原因，而这些表现更得益于广泛的专业评估机构和行业协会具有影响力的自律要求和监督评价。大学捐赠基金及管理者也对自身言行持谨慎态度，特别是20世纪90年代以来，在大学捐赠基金规模持续扩张，社会

公众对大学捐赠基金的运营和使用产生质疑的情况下，尽管也出现了监管漏洞和不当行为，但总体而言还是能够以较高的标准从事较为敏感的市场经济活动。正如我国学者所言，美国高校普遍设置了内部捐赠管理专责机构和人员，构建了运作有效的捐赠基金收支、投资、监管、信息披露的规则和程序，形成了运营管理与监管查处分离、制衡的教育捐赠基金机制，各高校形成了竞争性募捐的行业自律，并形成了外部有效的政府监管、新闻舆论监管、第三方管理和评估监管等良好的制衡机制。正是这种成熟的监管机制才使得美国的教育捐赠事业获得良性发展。因此，可以说他律与自律的共识与耦合是塑造当前美国大学捐赠基金整体表现的制度优势。

第三节　对完善我国大学基金会法律制度的启示

一、大学基金会的法律体系完善

近年来，中国慈善领域屡屡曝光丑闻，不少慈善组织被曝出存在挪用慈善资金、侵吞善款、资金管理使用效率低下、财务信息不透明和违背职业操守等负面问题，严重损害了整个慈善事业的健康发展和社会公信力，构建规范化、系统性的法律监管体系已经迫在眉睫，这种大环境也不可避免地影响高等教育捐赠领域。尽管大学基金会涉及的个案并不多，但这种状况足以引起大学基金会管理层的重视，尤其是把握未来立法趋势的方向和变化，对于大学基金会规范自身的管理和行为，防范可能出现的法律风险和满足监管机构的执法要求具有重要意义。

建立完善的法律监管体系仍然是解决当前我国整个慈善事业所面临信任危机的关键。我国慈善立法亟待解决的问题除了立法模式和体例外，主要的制度设计包括慈善的定义与原则，慈善组织的法律主体地位，设立、变更和撤销慈善组织的条件和程序，慈善组织的管理结构与管理者责任，慈善组织的登记注册和报告要求，信息披露义务和问责机制，监管机构与监管机制，税收优惠政策以及法律责任等；如果将捐赠纳入慈善立法考虑范围的话，则涉及慈善或公益捐赠的法律行为性质，慈善募捐活动的规范，以及捐赠关系各方的法律权利义务等。因此，在呼吁慈善法早日出台的同时，建议政府首先明确监管思路，以鼓励规范发展为导向，发挥提供政策、监管、支持（包括税收优惠、财政拨款或购买服务等）和信息服务的作用，"建立政府监管、公众监督、内部治理和行业自律四位一体的开放型监管体系"①，通过立法保障慈善组织的规范运营和慈善资源的合理分配使用。

2013 年北京大学非营利组织法研究中心推出《中国非营利组织法专家建议稿》，引起了管理部门和学界对非营利组织立法和制度设计的关注，该建议稿"从指导思想、框架结构、制度设计来看，体现了两个重要的核心理念：一是保障，即保障结社自由和非营利组织的各种权益；二是规范，即规范非营利组织的活动和发展、规范政府的监管活动和机制"②。但是，这种民间研究机构对立法的呼吁和努力能否被国家完全采纳还有待观察。从统一立法、统一规制的思路来讲，建议稿以"组织法"模式为

---

① 民政部政策法规司编：《中国慈善立法课题研究报告选编》，中国社会出版社 2009 年版，第 12 页。

② 马长山：《非营利组织立法的现实进路与问题——兼评〈中国非营利组织法专家建议稿〉》，《中国非营利评论》2013 年第 1 期，第 93—102 页。

主，辅之以"行为法"模式，即侧重于非营利组织的界定和法律地位，设立、变更、解散，组织机构、财产制度、治理机制、法律监管等，同时对非营利组织行为的界定及种类、行为合法与非法的界限、行为的方式及法律责任进行了制度设定，体现了非营利组织"治理"的现代立法理念，一方面保障宪法赋予公民结社自由权，放松管制、推进社会自治；另一方面又对非营利组织进行必要的法律控制和行为管理，促进其发挥社会治理功能。但是，这种趋于开放和民主的立法设想有赖于法律体系之间的衔接、政府监管能力的提升和非营利组织能力的建设，如何通过细化制度、完善机制和改善环境来适应未来可能面临的实践操作问题，还留有很大的探讨空间。

在《慈善法》及其一系列配套法规颁布实施之前，规范慈善活动的法律文件按法律层次的高低分类，首先是《中华人民共和国公益事业捐赠法》和税法中与捐赠税收减免有关的规定；其次是行政法规，包括规范三类社会组织的"三大条例"(《基金会管理条例》《社会团体登记管理条例》《民办非企业单位登记管理暂行条例》)和税法实施条例中与慈善捐赠相关的一些规定；最后是部门规章，比如《基金会年度检查办法》《基金会信息公布办法》《关于公益性捐赠税前扣除有关问题的通知》《公益慈善捐助信息披露指引》《关于规范基金会行为的若干规定(试行)》等。与大学基金会直接相关的法律法规还有《中华人民共和国高等教育法》(以下简称《高等教育法》)中关于大学经费投入的原则性规定，教育主管部门专门就大学基金会颁布的办法、通知等规章和政策性文件，比如《中央级普通高校捐赠收入财政配比资金管理暂行办法》和《加强中央部门所属高校教育基金会财务管理的若干意见》等。从立法本身的系统性和协调性来看，作为大学基金会立法的上位法，慈善法或非营利组织法的缺失也造成包括大学基金会在内的社会组织在慈善募捐、税收优惠和组织治理及法律责任方面缺乏全方位的法制保障，而且总体上法律效力层级较低，制度设计缺乏有效的衔接和沟通，个别规则之间还存在着模糊不清甚至自相矛盾的地方。以基金会的法律主体资格为例，有学者就指出《基金会管理条例》（2004）虽然确立了基金会的设立、变更和注销条件与程序，组织机构、财产的管理和使用、监管机构和法律责任等基本规范，但将基金会笼统地被界定为非营利性法人还有待商榷。[①]造成此种状况的根本原因是我国政府监管基金会一类的社会组织（通常也称民间组织、非营利组织、第三部门等）的立法指导思想趋于防弊和管制，而非鼓励和服务，这也导致包括大学基金会在内的基金会法人行政化现象严重，将监管的重点放在了执行严格的登记注册制度，而非该类组织成立后行为的有效监管上。

《慈善法》的出台构建了我国慈善法律制度的新体系，作为一部综合性、基础性的法律，它为包括大学基金会在内的所有慈善组织提供了方向性指引，通过明确界定慈善组织与慈善行为等基本概念，规范慈善组织的设立条件、组织结构和管理运作，强化信息披露义务与责任，构建政府、公众、媒体共同参与的社会监督体系，这些都表明了国家对待公共利益和社会资本的态度，有利于引导公众形成正确的认识、判断力及参与意识。《慈善法》各章内容涉及慈善组织的定义、活动范围和设立条件，慈善募捐、慈善捐赠、慈善信托、慈善财产、慈善服务、信息公开、促进措施、监督管理和法律责任等，从整体上构建了慈善组织及其相关活动的总体框架。从已经颁布的配套法规来看，三类主要的慈善组织即基金会、社会团体和社会服务机构的登记管理办法、公开募捐、慈善信托、年度支出和管理费用等规范均已实施，2017 年 12 月又颁布了《慈善组织保值增值投资

---

① 参见韦祎：《中国慈善基金会法人制度研究》，中国政法大学出版社 2010 年版。

活动管理暂行办法》(征求意见稿)和《慈善组织信息公开办法》(征求意见稿),而备受关注的税收优惠制度尚在修订之中。总体上讲,法律制度的完备、立法层次的提高、立法技术的成熟,都体现了国家和政府在鼓励和支持慈善事业发展的同时,也实施更加严格的法律监管,以建立一个更标准、更透明的法律环境。

二、大学基金会的法律规则设计

大学基金会虽然属于广义的非营利组织范畴,但也属于基金会的一种类型,除了适用非营利组织和基金会的相关法律法规外,仍然有其特殊的活动领域和行为方式,需要对其采取适当的法律监管。从组织机构上讲,我国大学比以往更加注重管理捐赠资产的组织机构建设和完善,或者成立发展委员会、对外联络与发展处、发展办公室、校董会或校友会等机构来加强大学的筹资能力,或者建立独立法人地位的大学基金会,后者的组织机构普遍采用二级事业部制模式,即一级部门为高级决策层,即理事会和秘书处,二级部门为核心执行层,如筹集资金、管理和运作基金的基金会工作办公室。[①]尽管大学基金会组织正努力向使命清晰、结构完整、分工明确、制度完善的方向迈进,但在组织的成熟程度及工作人员队伍的建设和专业化程度方面,与美国大学捐赠基金的管理组织还存在较大差距。一方面,大学直接介入大学基金会的管理和决策,在人员构成、功能定位、活动范围和财务管理等方面混淆不清;另一方面,大学基金会也经常超越自己的法人权限允诺大学权限范围内的事项。有学者简单地将其归纳为大

---

① 参见周红玲、张振刚:《中国大学基金会组织机构设置探析》,《华南理工大学学报》2010年第4期,第96—99页。

学基金会普遍存在"高层权力'断电'、中层秘书处成万能机、基层工作人员角色混乱、部分监事会形同虚设"等问题。[①] 因此，亟待厘清大学与大学基金会之间的法律关系，消解大学对基金会的"内部控制"现象，明确大学基金会内部工作人员的角色定位和薪资待遇，便于其以独立法人的身份开展诸如筹款和投资等经济活动，从而形成良性的组织结构和管理模式。

从大学基金会所开展的各项活动来看，尽管总体上表现为筹款金额和规模不断扩大，捐赠形式和用途日益多元，但在筹款、管理、投资和分配等方面仍存在改进和提高的空间。在筹款募捐方面表现为能力策略不足、资金来源单一、资金总量匮乏，仍然以校友或其企业为主要的筹资对象，往往通过定向劝募和重大活动进行筹款，专业性的筹款人员和技术还比较欠缺。在资产保值增值方面最常见的做法是将资金存入银行获取利息或购买稳定的固定收益债券，有限的投资种类可以减少风险但却无法实现收益的增加，缺乏专门的投资机构和人员，也很少委托专业的投资公司或聘用外部的专业投资顾问，投资决策机制也不甚健全，管理者的责任界限不清晰。在资金管理和使用方面还存在观念误区，认为基金会因筹集善款而设立，不应使用或分配募捐而得的资金，市场化投资违背非营利的性质。虽然《基金会管理条例》规定"基金会工作人员工资福利和行政办公支出不得超过当年总支出的 10%"，在一定程度上承认了基金会存在合理的运作成本，但在实践中因缺乏活动资金使得大学基金会有所作为的空间很小，更谈不上将投资收益所得按既定比例支出和分配用于支持大学发展了。另外，对大学基金会的免税资格、信息披露和内部治理等方面普遍存在着监管乏力的问题，独立的评估机构、行业协会、媒体和社会公众的监督作用

---

① 参见陈秀峰:《当代中国大学教育基金会研究》，中国社会科学出版社 2010 年版。

也明显不足。从完善立法的角度来看，制定尽可能周全的大学基金会特有的法律规则还是必要的，有助于引导和规范大学基金会可能涉及的所有法律行为类型。

（一）保障大学基金会的独立法律地位

美国对大学捐赠基金的法律地位界定明晰，大学可以根据自身需要和实际自由选择采用何种法律形式的组织机构来管理大学捐赠基金。由大学下属部门直接管理的捐赠基金不具备独立的法律人格，是依附于大学这类免税慈善组织的法律附属实体；独立于大学的捐赠基金管理组织尽管与大学之间存在直接或间接的"控制"关系，但仍可以按照是否采取法人治理结构区分为非营利法人和慈善信托两类，分别适用非营利法人法和信托法。由于它们在法律上都属于大学的支持型组织，还可以依据税法取得免税主体地位，当然前提也是要通过法定的测试程序以及满足定期或不定期的稽查要求。较清晰的法律主体性质使得美国大学捐赠基金根据组织形式的不同具有相对明确的法律关系及权利义务内容。

我国大学基金会依法具有独立的法人地位，但是依据《基金会管理条例》（2004）的规定它被界定为"非营利性法人"，这虽然修正了《基金会管理办法》（1998）对基金会属于社团法人的界定，但也回避了基金会究竟是财团法人还是其他类型这一问题。因此，要明确大学基金会是经登记管理机关批准而依法成立，取得独立的非营利性法律人格，有独立的财产和管理机构，能够独立承担法律责任。然而，我国许多大学基金会与大学之间的关系并不明晰，甚至存在事实上的行政隶属关系，比如基金会的领导层由学校行政领导兼任，工作人员由学校安排，从而使基金会在资产使用和分配上没有决定权，根本无从体现法人的独立性。即使是相对独立的大学基金会，也与大学之间存在或多或少的内部控制关系。这种含混不清的关系不利于大学基金会向着使命清晰、治理规范、活动创新、责任明确的方向良性发展。

《慈善法》明确界定了慈善组织的定义与成立条件，并采取民政部门登记核准的制度，对慈善组织资格获得设计了两条途径，即新的登记、旧的认定。2016 年 9 月 1 日，民政部制定的《慈善组织认定办法》正式颁布实施，规定了慈善法生效前注册的非营利组织（即基金会、社会团体和社会服务组织三种类型）取得慈善组织认定的要求和程序。也就是说，基金会并不具有慈善组织的天然属性，同样需要向民政部门申请认定。之所以将是否认定为慈善组织的决定权交给组织本身，是因为被认定为慈善组织后将受到慈善法律制度的监管，由组织权衡慈善属性给自身发展带来的利弊之后再作出选择，这体现了立法者对法律主体自由的尊重。就大学基金会而言，已经注册成立的大学基金会被纳入需要进行慈善认定的范围，拟新设立的大学基金会则必须满足《慈善法》规定的设立条件，向民政部门提出申请并经审核登记后才能取得合法资格而开展活动。那么，大学基金会是否应当主动申请取得慈善组织资格呢？答案似乎是肯定的。一方面，修订后的《基金会管理条例》仍保留了对基金会的界定，即"利用自然人、法人或者其他组织捐赠的财产，以开展公益慈善活动为目的，按照本条例的规定成立的非营利性法人"，大学基金会在法律性质上符合慈善组织最核心的"非营利性"和"公共性"属性，从目前已经设立的大学基金会制定的章程内容及其所开展的活动来看，它也符合慈善组织的设立条件；另一方面，结合公开募捐的有关规定来看，只有取得慈善组织资格才能开展公开募捐活动。随着"互联网募捐"成为未来慈善募捐的必然趋势，大学基金会如果没有取得慈善组织资格进而取得公开募捐资格，将难以合法开展线上的募捐和筹款活动。

如何在实践中保障我国大学基金会的独立法人地位，除了法律制度在主体资格性质上对其进行进一步明确界定外，更关键的是大学内部的体制改革，通过现代大学制度改革、完善大学章程，厘清大学与大学基金会之间的关系。实际上，大学基金会为争取公共资源、募集慈善捐赠，需要适应未来市场化和国际化的竞争环境，需要规范化的管理机构和治理机制，需要专业化、职业化的管理团队和投资人士，需要宽松的制度环境和可靠的法律保障。对大学而言，如何利用大学基金会这种组织形式获取更多的运营经费才是核心，只要适当地参与大学基金会的管理和运作，保证其不偏离服务于大学利益的根本目标即可。

（二）鼓励大学基金会的筹款募捐活动

美国大学捐赠基金之所以规模庞大，能够为大学日益增长的运营预算提供稳定而充足的资金支持，除了优异的投资业绩外，也有赖于"全面筹款运动"所带来的源源不断的社会捐赠。美国高等教育的历史与筹款息息相关，为教育慈善而主动募捐和劝募的行为逐渐成为慈善文化的重要组成部分，也孕育了职业的筹款人、募捐者和筹款顾问这一行业及其协会组织。立法不仅通过减免税的优惠政策鼓励慈善组织和广大社会公众进行募捐和捐赠，也通过法律追责严格地规范、遏制和打击筹款募捐活动中的违法行为，比如筹款欺诈。各州的慈善募捐法要求在本州管辖区域内从事筹款活动的慈善组织和职业筹款人、募捐者和筹款顾问注册备案并提交组织信息、募款公告、筹款活动等报告以及保证金，一方面便于监管机构掌握和监督辖区内的筹款活动情况，另一方面满足了社会公众尤其是捐赠人的知情权，以实现筹款募捐所宣称的慈善目的。随着筹款方式的不断创新，立法者、专业评估机构、行业协会也在协同研究和制定针对互联网筹款的法律规范。

目前，我国高校教育基金会的筹款活动较之于国外仍处于起步阶段，高校普遍缺乏主动筹款的意识和积极性,没有将筹款纳入正规化、程序化的工作范围,与外界的联系显得比较被动,筹款机构不健全且缺乏有组织的管理,从事筹款活动的工作人员专业性不够,募捐方式过于单一,捐赠形式仅限于现金、有价证券和实物,资金运作方式过于简单,缺乏多样性和灵活性,与筹款计划、程序和捐赠财产处理有关的信息披露制度也不够健全。虽然我国大学基金会的筹款专业化、规范化程度有所提升,但就目前的慈善文化和制度环境而言,仍有很长一段的路要走。大学应当重视筹资工作,培养和招聘专业的筹款工作人员,与校友和潜在的捐赠人建立紧密的联系,研究如何吸引更多的捐赠以满足大学的发展需求,减少对政府财政拨款的依赖,增强经费自主权和大学自治。在内部治理层面应加强捐赠的宣传、接受、审核、估价、资金管理、减税等程序以及对有关人员的职责制定严格的管理制度,还应建立有效的信息披露制度以增强财务透明度。因此,法律从鼓励慈善募捐的角度出发,应当将规范和发展专业性、职业性的筹款活动纳入考虑范围之内,明确慈善筹款与募捐法律关系中各方的权利义务及法律责任,尤其是防范和严惩募捐欺诈行为并对行为人苛以相对较重的法律追责,在监管过程中要求获得捐赠的慈善组织提供筹款与募捐活动报告和记录,披露与捐赠财产处置、募捐活动成本、募捐公告通知等有关的必要信息,以满足捐赠人和社会公众的知情权和基于理性判断基础之上作出捐赠与否的决策权以及事后的监督权。税务稽查机关应在对大学基金会申请免税资格的实质性审查中,要求大学基金会提供关于筹款与募捐尽可能详细的年度报告(尤其是财务报告)并审查捐赠财产的数额、处置,以判断其是否被用于筹款所宣称的慈善目的,并制定相应的惩罚性税收标准作为主要的法律责任形式。

《慈善法》规定:"慈善组织开展公开募捐,应当取得公开募捐资格。依法登记满两年的慈善组织,可以向其登记的民政部门申请公开募捐资格。"《基金会管理条例》为配合此条亦规定:"基金会开展公开募捐,应当依法取得公开募捐资格。未取得公开募捐资格的基金会,可以在发起人、理事会成员等特定对象范围内开展定向募捐。"2016年8月31日,民政部发布《慈善组织公开募捐管理办法》,规定了慈善组织申请公开募捐资格的要求和程序,以及开展公开募捐活动的相关要求。前者除了要求慈善组织已合法注册两年或以上,具有健全的内部治理架构和标准化运作,在申请公开募捐资格时需要提交相应材料外,还特别强调参与民政部管理的社会组织评价并获得4A级或以上级别的慈善组织可以简化申请过程。后者规定任何慈善组织欲向社会公众筹集资金,必须在公开募捐活动进行前十天制定筹款计划,并向其所属的民政部门提交记录,公开募捐和资产管理行为应当遵循信息披露要求,募捐的资产必须被用于筹款的目的,否则将被处以相应的惩罚等。

随着我国公益慈善事业的快速发展和信息传播方式的日益丰富,通过广播、电视、报刊、电信以及网络等渠道开展的募捐活动,特别是基于互联网平台的公开募捐活动已经成为慈善组织募集慈善资源的主要途径。然而,在我国现行的法律法规中,针对此类公开募捐行为规范监管的规定较少,在一定程度上造成了公开募捐主体资格不明确、募捐信息发布平台缺失监管等问题。对此,《慈善法》明确规定:"慈善组织通过互联网开展公开募捐的,应当在国务院民政部门统一或者指定的慈善信息平台发布募捐信息,并可以同时在其网站发布募捐信息。"《慈善组织公开募捐管理办法》进一步作了补充规定:"慈善组织通过互联网开展公开募捐活动的,应当在民政部统一或者指定的慈善信息平台发布公开募捐信息,并可以同时在以本慈善组织名义开通的门户网站、官方微博、官方微信、移动客户端等网络平台发布公开募捐信息。"2016年9月1日,由民政部、工业和信息化部、新闻出版广电总局、国家互联网信息办公室联合发布的《公开募捐平台服务管理办法》实施，对公开募捐平台服务所下的定义为"是指广播、电视、报刊及网络服务提供者、电信运营商为慈善组织开展公开募捐活动或者发布公开募捐信息提供的平台服务"，并规定了公开募捐平台服务提供者的资质和行为标准，强化了协同监管机制。需要注意的是，就公众比较关心的问题即公开募捐平台服务提供者是否对公开募捐事项有审查义务，办法规定双方应当签订协议，明确双方在公开募捐信息发布、审查募捐事项真实性等方面的权利和义务。同时，《公开募捐平台服务管理办法》也鼓励平台服务商为慈善组织提供公平、公正的信用评价服务，对开展公开募捐的慈善组织的信用情况进行客观、公正的采集与记录。

目前，国内已成立的大学基金会绝大多数是非公募基金会，按照《慈善法》的规定，它们只能面向发起人、理事会成员等特定对象开展募捐活动，而实际上大学捐赠的主要来源除了校友之外也有不特定的社会公众，大学往往通过其网站公开发布募捐信息，如果将募捐对象限定于发起人和理事会成员将极大地限制大学现有的捐赠渠道和慈善资源。尽管《慈善法》也规定"不具有公开募捐资格的组织或者个人基于慈善目的，可以与具有公开募捐资格的慈善组织合作，由该慈善组织开展公开募捐并管理募得款物"，即为非公募基金会提供了一条变相地开展公开募捐活动的通道，但在实际操作中有必要厘清合作双方的权利义务关系，否则可能会引起不必要的纠纷。对大学基金会而言，虽然非公募基金会的性质在法律监管层面比如信息披露、支出管理费用、税收优惠等所承担的义务较公募基金会要低，但从长远的慈善资源竞争角度来讲，其受到的限制也会更多。当然，要申请获得公开募捐资格，大学基金会也需要进一步规范资金使用的透明、公平和高效，要在项目管理的实施、反馈和监督以及捐赠者服务方面做得更加专业化和规范化。

（三）规范大学基金会的管理义务责任

美国大学捐赠基金之所以能够在世界范围内高度市场化的管理运作中取得竞争优势，完全是他律和自律协调配合的结果，法律对大学捐赠基金从免税主体的审查和年度报告以及管理者的法定义务责任层面提出了最低的行为标准，大学及捐赠基金管理层对于良好的内部治理及所带来的社会效益予以高度重视，不断完善自身的内部管理政策与程序，专业的从业人员也对自身使命达成高度认同并严格遵守职业伦理，而独立的专业评估机构和行业协会也利用评级排名体系的影响力对包括大学捐赠基金在内的非营利组织和慈善组织提出了更高的治理规则，从而形成了大学捐赠基金高效、规范、有序的整体优势。

我国大学基金会的管理运作在专业化和成熟度方面与美国大学捐赠基金相比还存在较大的差距，由于我国大学基金会的资金规模总体不大，普遍还没有建立专业的投资工作队伍，在资金的收益率和管理使用方面缺乏灵活性，管理者的责任和义务界定也不是很明确。有研究者经调查发现，我国大学基金会在管理方面存在组织结构权力不平衡，秘书长工作负担过重，工作人员多角色冲突，监事会形同虚设等问题。[1] 随着我国大学基金会进一步向市场化、专业化的方向迈进，如何改善基金会的管理结构，提高管理效率和资源效益，提升人员专业素质等问题将更加突出。

立法在大学基金会的管理层面应当有所为有所不为，重点是在大学基金会管理者违背应尽的法律义务尤其是在给组织造成损失时追究其个人的法律责任，但要注意界定合理的判断标准，否则会导致管理者为求自保而尽量避免投资行为所带来的法律风险，尤其是在我国大学基金会在投资运

---

① 参见陈秀峰：《当代中国大学教育基金会研究》，中国社会科学出版社 2010 年版，第 55—68 页。

作方面缺乏经验和专业性的现实情况下，合理的免责能够有效地激发、规范和保护管理者的投资热情和行为选择。无论是独立的非营利性法人还是慈善信托或公益信托，基金会的管理层和董事、高级管理人员、雇员甚至志愿者个人、慈善信托的受托人都应依法承担与捐赠人和委托人、受益人相对等的权利义务，履行基本的注意、忠诚、服从等义务。立法应为捐赠人和所有的利益相关者建立了解捐赠款物去向和使用情况以及发现不符合慈善目的时发起追责的权利保障机制和法律救济途径，因此必要的信息披露义务和机制亟待健全完善。另外，大学基金会的管理机构应当加强内部的治理制度建设，从业人员尤其是管理者应强化自身的职业伦理操守，专业的评估机构和行业协会也应建立外部监督和评价的标准和平台。

《慈善法》第五章将慈善信托作为公益信托的一种类型予以专门规定，规定慈善信托必须基于慈善目的，受托人在开展慈善活动时要按照委托人意愿以受托人名义进行管理和处分。一方面，慈善信托的受托人对信托财产仅享有管理和处分的权利，即受限制的所有权；另一方面，慈善信托的信托财产及其收益不得用于非慈善目的，即受托人在为信托财产进行保值增值等操作时也必须满足慈善的目的。慈善信托制度的优势在于信托财产具有独立性，能够保证被有效、安全地运用于慈善目的。《中华人民共和国信托法》（以下简称《信托法》）对此有明确规定："信托存续期间，信托财产独立于所有信托当事人，即信托财产独立于委托人，又独立于受托人的所有固有财产及其管理的其他信托财产，同时也独立于受益人。"因此，慈善信托财产不得被强制执行和被当作受托人固有财产进行破产清算，也不得作为债务被抵消、混同或作为遗产被继承。这种独立性保证了慈善信托财产不会因为当事人的个人原因而受到损失，保障其能够得到妥善的管理和运用。《慈善法》设专章规定了慈善信托的定义、受托人的资质和权利义务、慈善信托备案、慈善信托监察人制度等，目的就在于发挥慈善信托在现代慈善事业中的作用，更好地满足捐赠人的需求，为公众参与慈善事业提供多样化的选择。

慈善信托对大学基金会的意义何在呢？依据《慈善法》，只有两种组织可以担任慈善受托人，即慈善组织和信托公司。由委托人信赖的慈善组织担任受托人，可以降低慈善信托的道德风险，而信托公司作为专业信托机构，在风险隔离、资金保值增值、流动性安排等方面更加专业和规范。因此，对捐赠者而言，除了选择大学基金会之外，又多了一项选择的路径，即通过其他慈善组织或信托公司设立慈善信托对信托财产进行管理包括投资运作，这对大学基金会而言可能会形成一种竞争压力。反过来说，大学基金会一旦取得慈善组织资格，也可以充分运用慈善信托形式，通过提升资本运作的专业化水平和透明度而获得捐赠者的信任。

（四）加强大学基金会的投资法律保障

我国经济学家厉以宁曾指出："实现多渠道筹集教育经费的关键不在教育经费的收取，而在于经费的运作。要提高所筹集的教育经费的使用效率，有必要大力发展教育金融业。"[①] 但是，如何提高大学捐赠资金的使用效率与保值增值，在我国首先要解决的是捐赠资金进入资本市场运作的法律制度障碍与风险控制问题。我国大学基金会实际从事投资活动的为数不多，一般都是资金规模较大的基金会才会设立专门的投资部门，聘请或委托专业的投资人员对资金进行投资运作。从投资的领域和种类来看，我国大学基金会也趋于保守，它们尽可能投资于固定收益如银行利息、政府债券等，很少涉足风险较大的股票与基金投资，这固然与绝大多数大学基金

---

① 厉以宁:《论教育经费的筹集与运作》,《广州日报》1996 年 12 月 27 日。

会规模较小无法进行投资运作有关，但更主要的原因是大学基金会的投资运营缺乏规范有效的法律监督机制和信息披露制度，尤其是缺乏对作出投资决定的管理者予以合理免责的制度设计，避免其承担不必要的法律风险和随时可能产生的个人责任，因而无法刺激大学基金会的管理者积极地进行投资运作，专业、规范、有效地实现资金的保值增值。相比之下，美国大学捐赠基金的投资运作已经相当成熟，投资组合策略被广泛地运用到捐赠基金投资之中，他们不仅有专业的投资经理人、投资顾问和投资公司负责此项工作并获得合理的薪酬，大学内部也普遍设立投资委员会监督甚至控制捐赠基金管理组织的投资决策和行为，对大学捐赠基金的投资种类、比例和收益定期进行信息披露和财务审计，法律要求大学捐赠基金的管理机构制定一套严格、规范的内部投资决策程序，还设定了谨慎投资者标准为投资失误情况下投资者个人提供了免责的可能，但前提是投资人能够证明自己已经"谨慎"行事。

随着我国私人财富的积累和慈善文化的成熟，大量的教育捐赠尤其是在高等教育领域的捐赠可能在不久的将来成为现实。如何管理好规模日益扩大的捐赠资金，特别是保持资金的购买力以应对随时出现的经济波动和通货膨胀，投资运作将是大学基金会不可回避的问题，而达到投资的专业化和市场化需要一定的技术规范和经验积累。各种类型的大学基金会无论规模大小，都应当采取相应的管理策略并使组织机构参与到投资实践中来。目前，法律上的原则性规定无法应对复杂的投资实践，反而容易造成大学基金会在投资过程中的投机或无序，这就需要针对目前已经开展投资运作的大学基金会遇到的问题来研究如何进行有效的法律监管和问责，同时为其创设良好的风险控制制度，比如建立规范完善的信息披露制度，提高大学基金会的财务状况、经营状况、年度报表等信息的公开性和透明度。立法还需要明确大学基金会能否将捐赠得到的资金委托给专业的投资经理人或投资公司进行投资，或者聘请专业的投资顾问提供投资意见，他们之间的法律关系和权利义务如何规范，投资者在何种情况下可以免除个人责任，其判断的标准是什么，大学基金会内部和外部的投资者薪酬标准如何制定，以及大学基金会可以投资的与大学、社会责任相匹配的经济领域和项目。

（五）完善大学基金会的分配支出监管

美国大学捐赠基金的使用投向主要取决于捐赠人初始的意愿并由捐赠合同的内容约定作为保障。捐赠基金被分为永久性捐赠、限制性捐赠和准捐赠基金三大类，能够用于分配支出的仅为附加使用期限或条件实现时的限制性捐赠和准捐赠基金的投资收益部分，其用途较为广泛，如学校基础设施建设、购买教学仪器设备和图书资料及期刊、学生奖助学金和贷款、支持学术研讨会和讲座、支持教师学术研究和教学金、支持学校附属的博物馆和医院等公益非教学服务等。美国大学捐赠基金还存在二级管理的分配机制，即院系在各自的捐赠基金份额、比例和收益分配上有一定的自主权。在支出方面，主要包括符合捐赠基金设立的慈善目的的支出和自身的管理运行成本两个方面，法律并没有设定最低支出比例，但要求每年的支出应足以支持大学当年运营预算的适当部分，捐赠基金管理层和职员的薪酬标准应具有可比性和合理的限度。

有研究者对我国多个大学基金会的资金结构、使用目的和方向，资金分配标准与效能进行了深入调查，指出其资金的构成分为永久性资金和非永久性资金，前者只能将捐赠款项的增值部分进行投资或资金分配，后者分为一次性资金和年限资金，一次性资金按照捐赠人的意愿或者根据学校教育发展的需求直接投入使用，年限资金是捐赠人依照协议每年支付一定的款项并分年限付清所有的捐款。资金按是否根据捐赠人的意愿用于指定的项目分为定向和非定向两种。大学基金会通过章程确定资金的使用目的和方向，主要用于学生奖助学金和特定项目如校园建设、科学研究、教师发展以及基金会的运作成本等，大型基金会还会开展资金投资运作方面的活动。资金分配标准则主要体现在资金分配对象的选择和价值基础的确定两个方面，标准合理与否与资金使用效能有密切的联系。[①] 总体上讲，我国大学基金会在资金分配和使用方面缺乏一定的灵活性，主要是按照捐赠人指定的条件和期限用于特定的项目之上，留给基金会自由支配和投资运作的余地很小，而且在基金会运作成本方面的限制也颇为严格。

我国《基金会管理条例》规定："公募基金会每年用于从事章程规定的公益事业支出，不得低于上一年总收入的 70%；非公募基金会每年用于从事章程规定的公益事业支出，不得低于上一年基金余额的 8%。基金会工作人员工资福利和行政办公支出不得超过当年总支出的 10%。"首先，基金会公益支出比例是否过高以及是否应当作此种强制性的规定；其次，基金会的行政管理成本包括工资薪酬、运行成本和项目成本在内，是否过低以至于无法开展大型的筹款与募捐活动，无法吸引和招聘到专业的投资人和顾问等，这些问题都有待进一步的探讨。立法对大学基金会的分配支出不应过度干预，除了原则性的规定外，还可以通过免税资格的实质性审查，判断大学基金会的资金分配是否符合非营利性的标准，也可以在年度报告中掌握大学基金会的资金分配和支出情况。只要大学基金会的资金分配合理、流向清晰可查、符合财务报告和审计标准，就完全可以通过建立基金会的内部管理机制和所有利益相关者的外部监督机制保障其资金分配支出符合基金会章程所规定的慈善目的。

---

① 参见陈秀峰：《调查与透视：大学教育基金会的资金分配现状与效能》，《教育财会研究》2008 年第 33 期，第 3—11 页。

《慈善法》明确规定："具有公开募捐资格的基金会开展慈善活动的年度支出，不得低于上一年总收入的百分之七十或者前三年收入平均数额的百分之七十；年度管理费用不得超过当年总支出的百分之十"，并强调了"管理费用最必要原则"。2016 年 9 月 1 日，民政部、财政部、国家税务总局联合印发了《关于慈善组织开展慈善活动年度支出和管理费用的规定》，对具有公开募捐资格的基金会以外的慈善组织开展慈善活动的慈善组织支出和管理费用作出了更细致的规定。该规定对支出和管理费用的内涵界定与《民间非营利组织会计准则》的会计核算标准保持了一致，并充分考虑到基金会、社会团体、社会服务机构在组织性质、活动特点、资产规模和构成等方面的差异，根据慈善组织业务活动的实际情况以净资产规模为基数给出了不同的管控比例，符合支出额度与机构规模呈正比而管理费占比与机构规模呈反比的客观规律，还从促进发展的角度恰当地给予了慈善组织灵活调整的空间（比如规定在计算中允许用"前三年收入平均数额"代替"上一年总收入"，用"前三年年末净资产平均数"代替"上年末净资产"，有利于保障慈善组织维持运转的最低需求；再如规定当管理费的绝对值低于 20 万元时，不受任何比例限制，这符合小规模慈善组织运转的实际特点尤其是初创慈善组织的生存状况）。该规定还列举了支出和管理费用的范围，慈善活动、其他业务活动与管理活动共同发生费用的分配原则，会计核算和信息披露要求等。

（六）强化大学基金会的财务审计标准

目前，我国大学基金会的年度报告内容较为简单，想要了解大学基金会的资金收入、投资、使用和分配等方面的核心财务信息尤为困难，根本原因在于我国整个慈善领域非营利组织的信息披露义务缺乏法律监管。而美国大学捐赠基金的信息披露制度甚为严格，国税局不仅要求拥有捐赠基金的大学在维持其免税地位的年度报告中披露与捐赠基金相关的信息，而且专门针对大学捐赠基金开展合规性项目检查和制定免税审查指南，财务会计标准委员会和政府会计标准委员会分别对包括公立大学和私立大学在内的非营利组织制定并适时修订财务报告和审计标准，目的都是保证信息披露的质量达到充分、持续、有限度地扩展、可靠性和可理解性的标准，让免税的慈善组织能够经受捐赠人和所有利益相关者的公共问责。因此，大学捐赠基金必须在立法机关、监管部门、专业评估机构、行业协会、新闻媒体和社会公众的共同监督下规范、有效地运作，否则将会对大学的声誉甚至整个高等教育的社会形象造成负面影响。

从我国现行法律法规的规定来看，基金会信息披露质量标准制度主要蕴含于《基金会年度检查办法》即年检要求之中。2006 年，民政部颁布《基金会信息公布办法》明确要求基金会真实、准确、完整、及时地披露信息，但由于规定过于笼统，基本流于形式，事实上达不到有效评价基金会信息披露质量的效果。鉴于此，法律应当强化税务稽查机关对大学基金会这类非营利组织申请免税资格和提交年度报告时的信息审查义务，应当制定更为详细的细则规范基金会的信息披露要求和标准。我国政府监管部门和一些行业协会已经开始强化基金会的财务报告和信息披露义务，制定与之相关的完善的会计和审计标准。比如，2004 年初，财政部制定颁布了《民间非营利组织会计制度》和《行政事业单位内部控制规范》，已经就非营利组织的会计和审计标准提出了更全面、更严格的要求，税务机关和民政部可以参照执行。民政部、财政部于 2011 年 12 月 26 日联合发布了《关于进一步加强和完善基金会注册会计师审计制度的通知》，强化了对基金会外部独立审计的要求，以促进基金会的规范运作。2012 年 11 月 30 日，中国注册会计师协会颁布了《基金会财务报表审计指引》，目的在于提高基金会财务信息的公开性和运营的透明度，提升注册会计师的公信力，推进整个行业发挥专业优势以参与社会管理和服务公益事业。2014年2月，《教育部直属高等学校会计制度核算手册》（征求意见稿）中也要求直属高校在财务报告中提供留本基金、捐赠收入、投资收益等会计信息。对大学基金会而言，除了遵守法定的财务报告会计和审计标准外，还需要从内部管理层面加强定期和不定期的财务会计审查或外部审计，及时发现可能存在的问题以避免经济损失和控制资金风险。

结　语

　　我国大学基金会兴起于 20 世纪 90 年代中期，其动因除了宏观上市场经济的深入发展、民间财富的持续积累和慈善文化的传承弘扬外，微观上则是高等教育财政体制改革对高等学校多渠道筹集经费的直接推动。建立具有独立法人身份的大学（教育）基金会，由其专门从事与社会捐赠相关的活动，不仅有利于厘清捐赠各方主体法律权利义务关系，也有利于推动大学捐赠管理的专业化和规范化。

　　对大学基金会的法律规制，从已有的规范性法律文件来看，主要是分散在《慈善法》、税法等法律及其配套性法规之中，原先立法层次偏低等问题随着《慈善法》及其一系列配套法律法规的修订和实施已经得到了解决，当然税收优惠待遇的相关法规尚未修订完善。按照效力层级由高到低划分：第一层是法律，包括《慈善法》《公益事业捐赠法》《中华人民共和国个人所得税法》《企业所得税法》《高等教育法》；第二层是行政法规，包括《基金会管理条例》《个人所得税实施条例》《企业所得税实施条例》《关于促进慈善事业健康发展的指导意见》等；第三层是部门规章，包括《慈善组织认定办法》《慈善组织公开募捐管理办法》《公开募捐平台服务管理办法》《关于慈善组织开展慈善活动年度支出和管理费用的规定》《公益慈善捐助信息披露指引》《财政部、国家税务总局关于教育税收政策的通知》《中央级普通高校捐赠收入财政配比资金管理暂行办法》《基金会评估指标体系》《教育部 财政部 民政部加强中央部属高等学校教育基金会财务管理的办法》《关于规范基金会行为的若干规定》《基金会信息公布办法》《关于公益性捐赠税前扣除有关问题的通知》等。此外，还有一些地方性法规及规章和司法解释，在此不赘。需要注意的是有些政策虽然不具备法律的强制执行力，但其作用也不能忽略，比如1985年的《中共中央关于教育体制改革的决定》、1993年的《中国教育改革和发展纲要》《2003—2007年教育振兴行动计划》等，尤其是《国家中长期教育改革和发展规划纲要（2010—2020年）》明确提出："社会投入是教育投入的重要组成部分。充分调动全社会办教育积极性，扩大社会资源进入教育途径，多渠道增加教育投入。完善财政、税收、金融和土地等优惠政策，鼓励和引导社会力量捐资、出资办学。完善非义务教育培养成本分担机制，根据经济发展状况、培养成本和群众承受能力，调整学费标准。完善捐赠教育激励机制，落实个人教育公益性捐赠支出在所得税税前扣除规定"，具有较强的行政约束力和政策执行力。

我国高等教育的主体是公立高等普通学校，财政拨款仍是高校经费的主要来源，近年来高校"大额捐赠"案例层出不穷，出现"井喷式"增长，但其支持高校运营预算的总体比例依然偏低，与美国高等院校的构成体系和经费渠道截然不同，这决定了我国高等教育捐赠的法律监管体系不可能照搬美国法律制度的体系和规则。从世界范围内的立法模式和体例来看，大学基金会无论是从组织形式的监管还是从设立目的的规范，都不适合采取专门的集中型的成文法模式，现实的做法是将之纳入慈善法的统一规范下，这样有利于法律监管的统一和实施，如果遇到特殊的法律监管问题，可以考虑采取制定较低层次的规范性法律文件作为补充。

法制不彰，则乱象丛生。当前我国高等教育捐赠与大学基金会运作过程中已经暴露出一些问题甚至引起法律纠纷。现行法律制度能否提供或提供怎样的解决机制和救济途径，存在哪些方面的缺陷与不足，以及如何改进与完善，这些问题都需要立法者、从业人员及研究者进一步做系统的理论研究与实践探索。

参考文献

中文著作：

1. ［美］爱蒂丝·布朗·魏伊丝:《公平地对待未来人类：国际法、共同遗产与世代间公平》，汪劲等译，法律出版社 2000 年版。

2. ［美］贝希·布查尔特·艾德勒等:《通行规则：美国慈善法指南》，金锦萍等译，中国社会科学出版社 2007 年版。

3. ［美］大卫·F. 史文森:《机构投资的创新之路》，张磊等译，中国人民大学出版社 2010 年版。

4. ［美］弗兰克·H. 奥利弗:《象牙塔里的乞丐——美国高等教育筹款史》，许东黎、陈峰译校，广西师范大学出版社 2011 年版。

5. ［美］丽莎·乔丹、［荷兰］彼得·范·图埃尔主编:《非政府组织问责：政治、原则与创新》，康晓光等译，中国人民大学出版社 2008 年版。

6. ［英］马尔科姆·泰特:《高等教育研究进展与方法》，侯定凯译，北京大学出版社 2007 版。

7. 蔡磊:《非营利组织基本法律制度研究》，厦门大学出版社 2005 年版。

8. 陈金罗等:《中国非营利组织法专家建议稿》，社会科学文献出版社 2013 年版。

215·

9. 陈晓春等:《非营利组织经营管理》，清华大学出版社 2012 年版。

10. 陈秀峰:《当代中国大学教育基金会研究》，中国社会科学出版社 2010 年版。

11. 陈岳堂:《非营利基金会信息披露质量评价及其治理研究》，中南大学出版社 2008 年版。

12. 程昔武:《非营利组织治理机制研究》，中国人民大学出版社 2008 年版。

13. 邓国胜:《民间组织评估体系》，北京大学出版社 2007 年版。

14. 高晓清:《美国高校社会捐赠制度研究》，湖南师范大学出版社 2011 年版。

15. 官有垣等:《第三部门评估与责信》，北京大学出版社 2008 年版。

16. 康晓光等:《依附式发展的第三部门》，社会科学文献出版社 2011 年版。

17. 厉以宁:《股份制与现代市场经济》，江苏人民出版社 1994 年版。

18. 民政部政策法规司编:《中国慈善立法课题研究报告选编》，中国社会出版社 2009 年版。

19. 裴娣娜:《教育研究方法导论》，安徽教育出版社 1995 年版。

20. 沈宗灵:《比较法研究》，北京大学出版社 1998 年版。

21. 世界银行专家组:《公共部门的社会问责：理论探讨及模式分析》，宋涛译校，中国人民大学出版社 2007 年版。

22. 孙琳编著:《政府和非营利组织会计：理论与实务》，上海格致出版社、上海人民出版社 2011 年版。

23. 孙笑侠主编:《法理学》，中国政法大学出版社 1996 年版。

24. 王名等编著:《美国非营利组织》，社会科学文献出版社 2012 年版。

25. 韦祎:《中国慈善基金会法人制度研究》,中国政法大学出版社2010年版。

26. 张文显主编:《法理学》,高等教育出版社、北京大学出版社2007年版。

27. 资中筠:《财富的归宿:美国现代公益基金会述评》,上海人民出版社2006年版。

中文文章:

1. 白锦会:《莫里尔法案在高等教育发展史中的地位》,《教育与经济》1987年第4期。

2. 蔡克勇:《社会捐赠:一座亟待开发的金矿——高等学校筹资的一条重要渠道》,《民办高等教育研究》2006年第5期。

3. 陈成才:《美国现代基金会与美国政府的关系》,《宜宾学院学报》2005年第8期。

4. 陈秀峰:《调查与透视:大学教育基金会的资金分配现状与效能》,《教育财会研究》2008年第3期。

5. 戴志敏:《美国康奈尔大学资金投资管理模式及其启示》,《教育财会研究》1999年第1期。

6. 邓娅:《我国高等教育财政体制改革与大学基金会的兴起》,《北京大学教育评论》2011年第1期。

7. 丁安华、赵勇:《美国大学捐赠基金投资运作研究》,《武汉金融》2011年第1期。

8. 甘东宇:《美国基金会与"新公益"思潮》,《中国非营利评论》2010年第7期。

9. 傅金鹏:《西方非营利组织问责理论评介》,《国外社会科学》2012年第1期。

10. 何新容:《美国有关捐赠人对慈善捐赠的强制执行权的规定及其对我国的启示》,《科学·经济·社会》2012年第4期。

11. 胡卫萍、赵志刚:《慈善公益捐赠信义义务履行的法律探讨》,《求实》2011年第12期。

12. 黄爱学:《捐赠的性质认定及我国立法评析》,《内蒙古农业大学学报》2012年第3期。

13. 雷虹:《中美大学基金会之研究》,《上海高教研究》1999年第12期。

14. 李韬:《慈善基金会缘何兴盛于美国》,《美国研究》2005年第9期。

15. 李晓新等:《规范化与专业化:大学资金管理的法律问题研究》,《复旦学报》2008年第6期。

16. 李勇:《非政府组织问责研究》,《中国非营利评论》2010年第1期。

17. 罗公利:《大学社会捐赠的博弈分析》,《经济理论与经济管理》2005年第5期。

18. 马长山:《非营利组织立法的现实进路与问题——兼评〈中国非营利组织法专家建议稿〉》,《中国非营利评论》2013年第1期。

19. 马胜利:《外国的基金会制度》,《欧洲》1994年第2期。

20. 孟东军等:《中美大学教育捐赠管理比较研究》,《中国高教研究》2005年第7期。

21. 孟婧:《中美大学教育捐赠基金运作的比较与启示》,《教育财会研究》2011年第10期。

22. 孟丽菊、张大方:《中外高校社会捐赠:比较、分析及建议》,《教育科学》2007 年第 6 期。

23. 农贵新、何静:《捐赠的理性分析及政策建议》,《对策研究》2003 年第 2 期。

24. 秦素粉:《中美高校社会捐赠的差异性分析及启示》,《教书育人》2009 年第 12 期。

25. 邱天雪:《美国基金会的理事会运作模式》,《社团管理研究》2011 年第 3 期。

26. 舒国滢:《并非有一种值得期待的宣言》,《现代法学》2006 年第 5 期。

27. 佟婧等:《耶鲁大学捐赠基金成功运作之道》,《高教探索》2012 年第 3 期。

28. 王劲颖:《美国基金会发展现状及管理制度的考察与借鉴》,《中国行政管理》2011 年第 3 期。

29. 王雯:《美国公益基金会兴盛原因的制度经济学分析》,《美国研究》2009 年第 2 期。

30. 王兆斌:《美国慈善基金会的嬗变及其社会功能》,《世界经济与政治论坛》2011 年第 4 期。

31. 王云儿:《美国私立大学基金会最新发展及管理特色研究》,《教育与经济》2012 年第 3 期

32. 魏明英、胡静:《关于完善我国慈善捐赠税收优惠制度的法律思考》,《税收经济研究》2012 年第 5 期。

33. 伍运文:《美国高等教育捐赠的动因考察——宗教与文化的视角》,《湖南师范大学教育科学学报》2006 年第 9 期。

34. 谢菲:《美国大学的资金筹集与管理机制研究——以哈佛大学为例》,《电子科技大学学报》2009 年第 11 期。

35. 谢敏婷:《浅论法学研究方法——以西方三大法学流派思想为引线》,《法制与经济》2011 年第 10 期。

36. 谢永超、杨忠直:《大学捐赠基金的功能及启示》,《社会科学家》2008 年第 12 期。

37. 许浄:《美国著名大学永久基金的发展及其贡献》,《中国高教研究》2006 年第 6 期。

38. 言梓瑞:《中美高校教育基金会比较研究及启示》,《世界教育信息》2007 年第 10 期。

39. 杨青:《美国大学基金会成功因素分析及启示》,《中国地质教育》2007 年第 1 期。

40. 姚俭建等:《美国慈善事业的现状分析:一种比较视角》,《上海交通大学学报》2003 年第 1 期。

41. 姚建平:《中美慈善组织政府管理比较研究》,《理论与现代化》2006 年第 2 期。

42. 叶姗:《社会财富第三次分配的法律促进》,《当代法学》2012 年第 6 期。

43. 张敏:《美国大学捐赠基金的谨慎投资者规则及其启示》,《教育科学》2007 年第 8 期。

44. 张旺:《慈善捐赠与美国私立高等教育的形成与发展》,《比较教育研究》2005 年第 5 期。

45. 张云:《美国加州大学系统捐赠基金运作实践及启示》,《比较教育研究》2004 年第 6 期。

46. 赵明、褚蓥:《美国慈善基金会利益输送禁止规则探析——兼与中国相关规定之比较》,《北京航空航天大学学报》2012 年第 1 期。

47. 仲伟周:《经济学研究的新领域》,《天津社会科学》1995 年第 6 期。

48. 周贤日、马聪:《美国高校捐赠制度的特点与启示——〈美国高校捐赠报告〉解读》,《高教探索》2012 年第 6 期。

49. 周贤日:《我国公益捐赠法律制度思考》,《中国发展观察》2008 年第 7 期。

50. 朱晓梅:《高等教育捐赠的伦理分析》,《中国高等教育》2003 年第 24 期。

英文著作:

1. Bruce. R. Hopkins, *The Tax Law of Unrelated Business for Nonprofit Organizations*, John Wiley & Sons, Inc., 2005.

2. Bruce R. Hopkins & Virginia C. Gross, *Nonprofit Governance: Law, Practice, and Trends*, John Wiley & Sons, Inc., 2009.

3. Bruce R. Hopkins, *The Tax Law of Charitable Giving*（4th. ed.）, New York:John Wiley & Sons, Inc., Hoboken, New Jersey, 2010.

4. Bruce R. Hopkins, Virginia C. Gross & Thomas J. Schenkelberg, *Nonprofit Law for Colleges and Universities: Essential Questions and Answers for Officers, Directors, and Advisors*, John Wiley & Sons, Inc., 2011.

5. Jack B. Siegel, *A Desktop Guide for Nonprofit Directors, Officers, and Advisors*, John Wiley & Sons, Inc., 2006.

6. Jesse Brundage Sears, *Philanthropy in the History of American Higher Education*, New Brunswick, NJ & Londan: Transaction Publishers, 1922.

7. Jesse Brundage Sears, *Philanthropy in the History of American Higher Education*, New Brunswick, NJ & Landon: Transaction Publishers, 1990.

8. Jonathan P. Caulkins, Jay Cole, Melissa Hardoby & Donna Keyser, *Intelligent Giving: Insight and Strategies for Higher Education Donors*, by Rand, 2002.

9. Kevin P. Kearns, *Managing for Accountability: Preserving the Public Trust in Public and Nonprofit Organizations,* San Francisco, CA: Jossey-Bass Publishers, 1996.

10. Marion R. Fremont-Smith, *Governing Nonprofit Organizations: Federal and State Law and Regulation*, The Belknap Press of Harvard University Press, 2004.

11. Merle Eugene Curti & Roderick Nash, *Philanthropy in the Shaping of American Higher Education*, Rutgers University Press, 1965.

12. William L. Cary & Craig B. Bright, *The Law and the Lore of Endowment Fund: Report to the Ford Foundation*, Ford Foundation, 1969.

英文文章:

1. Alexander M. Wolf, "The Problems With Payouts: Assessing the Proposal for A Mandatory Distribution Requirement for University Endowments", *Harvard Journal on Legislation*, Vol. 48（2011）.

2. Barbara S. Romzek & Patricia Wallace Ingraham, "Cross Pressures of Accountability: Initiative, Command, and Failure in the Ron Brown Plane Crash", *Public Administration Review*, Vol. 60, No. 3（2000）.

3. Bush B. H., "Regulations Seek Greater Control of Fund Raising Practices", *Nonprofit Times*, 1992.

4. David Coy, Mary Fischer & Teresa Gordon, "Public Accountability: A New Paradigm for College and University Annual Reports", *Critical Perspectives on Accounting*, October 2001.

5. Donald L. Basch, "Changes in the Endowment Spending of Private Colleges in the Early 1990s", *The Journal of Higher Education,* Vol. 70, No. 3（1999）.

6. Scott D. R., "The Basis for Accounting Principles", *Accounting Review*, Vol. 16（1941）.

7. George C. Christie, "Legal Aspects of Changing University Investment Strategies", *North Carolina Law Review*, Vol. 58（1980）.

8. Goldschmid, "The Fiduciary Duties of Nonprofit Directors and Officers:Paradoxes", *Problems, and Proposed Reforms,* 23 J. Corp. 1. 631（Summer 1998）.

9. Henry B. Hansmann, "The Role of Nonprofit Enterprise", *The Yale Law Journal*, Vol. 89, No. 5（April 1980）.

10. Henry Hansmann, "Why Do Universities Have Endowments"? *The Journal of Legal Studies*, Vol. 19, No.1（1990）.

11. Pallot J., "The Legitimate Concern with Fairness", *Accounting, Organizations and Society*, Vol. 16（1991）.

12. Whitehead J. S. & Herbst J., "How to Think about the Dartmouth

College Case", *History of Education Quarterly*, Vol. 26（1886）.

13. Kenneth L. Karst, "The Efficiency of the Charitable Dollar: An Unfulfilled State Responsibility", *Harvard Law Review*, Vol. 73（1960）.

14. Kenneth D. Creighton & Franklin G. Riddle, "Audits of Colleges and Universities by AICPA Committee on College and University Accounting", *TheAccounting Review*, Vol. 49, No. 4（1974）.

15. Ken W. Brown, "History of Financial Reporting Models for American Colleges and Universities: 1910 to the Present", *The Accounting Historians Journal*, Vol. 20, No. 2（1993）.

16. Marion R. Fremont-Smith & Andras Kosaras, "Wrongdoing by Officers and Directors of Charities: A Survey of Press Reports 1995-2002", *The Social Science Research Network Electronic Paper Collection,* September 2003.

17. Mark J. Cowan, "Taxing and Regulating College and University Endowment Income: The Literature's Perspective", *Journal of College and University Law*, Vol.34, No. 3（2008）.

18. Edwards M., "NGO Rights and Responsibilities: A New Deal for Global Governance", *Foreign Policy Centre,* London, 2000.

19. Williams P. F., "The Legitimate Concern with Fairness", *Accounting, Organizations and Society*, Vol. 12, No. 2（1987）.

20. Susan Gary", UMIFA Becomes UPMIFA", *The ABA Property and Problem Journal*, January -February 2007.

21. Thomas Lee Hazen & Lisa Love Hazen, "Punctilios and Nonprofit CorporateGovernance-A Comprehensive Look at Nonprofit Directors Fiduciary Duties", *U. of Pennsylvania Journal of Business Law*, 2011.

22. Jeavons T. H., "Stewardship Revisited: Secular and Sacred Views of Governance and Management", *Nonprofit and Voluntary Sector Quarterly*, Vol. 23, No. 2（1994）.

23. Verne O. Sedlacek & William F. Jarvis, "Endowment Spending: Building a Stronger Policy Framework", *Commonfund Institute*, October 2010.

24. William L. Cary & Craig B. Bright, "The 'Income' of Endowment Funds", *Columbia Law Review*, Vol. 69, No. 3（1969）.

25. William L. Cary& Craig B. Bright, "The Delegation of Investment Responsibility for Endowment Funds", *Columbia Law Review*, Vol. 74, No. 2（1974）.

26. Ijiri Y., "On the Accountability-based Conceptual Framework of Accounting", *Journal of Accounting and Public Policy*, No. 2（1983）.